Komm mir nicht mit Rechtsstaat

Über das Buch

Friedrich Wolff arbeitete erfolgreich als Strafverteidiger in der DDR und in der BRD, er kennt die Grenzen und Möglichkeiten der beiden Systeme. Egon Krenz, der in der SED-Führung auch Einfluss auf die sozialistische Justiz und deren Reform hatte, lernte nach 1990 die bürgerliche Justiz ebenfalls kennen: als Zeuge und als Angeklagter. Das hier dokumentierte Gespräch der beiden kreist um die Frage: Was ist ein Rechts-, was ein Unrechtsstaat? Warum und auf welche Weise wurde nach der Übernahme der DDR selbst das bürgerliche Recht gebeugt? Wolff und Krenz versuchen, die sogenannte Aufarbeitung von damals kritisch aufzuarbeiten.

Über die Autoren

Friedrich Wolff, Jahrgang 1922, Sohn eines jüdischen Arztes und einer protestantischen Mutter, geboren in Berlin-Neukölln, Eintritt in die KPD 1945. Nach Jura-Studium an der Humboldt-Universität 1946 bis 1949 Rechtsanwalt seit 1953 und Vorsitzender des Berliner Rechtsanwaltskollegiums von 1954 bis 1970 sowie von 1984 bis 1988 und 1990. Strafverteidiger in verschiedenen politischen Verfahren, darunter gegen Nazi- und Kriegsverbrecher, Demonstranten am 17. Juni 1953 sowie gegen Erich Honecker und andere Mitglieder des Politbüros.

Egon Krenz, geboren 1937 in Kolberg, nach Schulbesuch in Ribnitz-Damgarten Pädagogikstudium in Putbus von 1953 bis 1957, NVA von 1957 bis 1959. Danach hauptamtlich tätig in der FDJ und der SED, im Herbst 1989 Generalsekretär des ZK der SED, Staatsratsvorsitzender und Vorsitzender des Nationalen Verteidigungsrates der DDR. 1996 Verurteilung zu sechs Jahren und sechs Monaten Haft.

Friedrich Wolff
Egon Krenz

Komm mir nicht mit Rechtsstaat

Gespräch zwischen einem fast hundertjährigen Juristen und einem langjährigen DDR-Politiker

edition ost

Inhalt

7 Vorbemerkung

13 Kapitel 1
Ist Justiz politisch oder neutral?

73 Kapitel 2
Rechtsstaat oder Gerichtsstaat?

99 Kapitel 3
Wie sauber sind die Westen im Westen?

109 Kapitel 4
Im Osten was Neues?

147 Kapitel 5
Können Gerichte Geschichte aufarbeiten?

159 Kapitel 6
Schauen wir nur nach hinten?

Anlagen

167 Schlusswort von Wolffs Mandant Erich Honecker am 3. Dezember 1992 im Berliner Kriminalgericht

191 Schriftliche Wortmeldung von Egon Krenz vor dem Europäischen Gerichtshof für Menschenrechte in Strasbourg, 8. November 2000

198 Am 8. Juni 2001, nach der Niederlage vor dem Europäischen Gerichtshof für Menschenrechte in Strasbourg, schreibt Krenz an die Gesellschaft für rechtliche und humanitäre Hilfe e. V. (GRH)

203 Personenregister

Vorbemerkung

Die beiden trennen keine zwei Jahrzehnte. Wolff kam 1922 zur Welt, Krenz 1937. Trotzdem haben sie verschiedene Sichten auf Vergangenheit und Gegenwart, was mit ihren unterschiedlichen Professionen und Erfahrungen zusammenhängt. Der eine war seit 1953 als Anwalt tätig, der andere einige Jahrzehnte in der Politik. Wolff erlebte Faschismus und Krieg bei vollem Bewusstsein und zog daraus seine Schlüsse. Bei Krenz sind das Kindheitserinnerungen, die Spuren hinterließen. Und beide standen wiederholt vor Gericht: der eine als Verteidiger, der andere als Angeklagter. Wolff brachte keine Nacht im Gefängnis zu, Krenz hingegen knapp vier Jahre. Das heißt: Es gibt auch beträchtliche Erlebnis-Unterschiede zwischen den beiden.

Dennoch teilen sie politische Grundüberzeugungen. Der eine schloss sich unmittelbar nach dem Krieg als Student der KPD an. Mit Enthusiasmus, wie er sagt. Der andere wurde 1953 als Sechzehnjähriger aus Überzeugung Kandidat der SED. Die gewendete Partei schloss ihn im Januar 1990 aus. Unerschütterliche Linke blieben beide.

Gelegentlich treffen sie sich zum Gedankenaustausch, so auch im September 2020. Es war die Phase zwischen der ersten und der zweiten Corona-Welle. Die Begrüßung auf der Straße vorm Haus erfolgte nur per

Ellenbogen. Wolff kehrte gerade von seinem täglichen Spaziergang zurück. Bis vor wenigen Tagen noch schwamm er im See, der vor seinem Haus liegt. Es war nicht nur den fallenden Temperaturen geschuldet, dass seine Frau ihm das tägliche Bad untersagte. Irgendwann müsse mal Schluss sein, ordnete sie an.
Das Haus haben beide gebaut, als Friedrich Wolff bereits 76 war. In diesem Alter pflanzt man in der Regel keine Bäume mehr und zieht auch nicht mehr um. Friedrich Wolff zeigte nie solche – durchaus legitimen – Ermüdungserscheinungen. Und auch im Gespräch mit Egon Krenz ist er hellwach und lässt unorthodoxe Gedanken aufblitzen, die einen stutzen machen. Einmal sagt er beim Erörtern der Vokabel »Unrechtsstaat« wie beiläufig, dass eigentlich nicht die Bundesrepublik, sondern die DDR die Bezeichnung »Rechtsstaat« verdiente, was er sogleich auch mit Fakten belegte.
Der Titel des Buches kann beiden zugeschrieben werden, wie eben auch die Zusicherung hinzugefügt werden muss, dass damit eine grundsätzliche Absage an ein durch Recht und Gesetz geregeltes Zusammenleben in einer Gesellschaft natürlich nicht gemeint ist. Bei dieser in lebhafter Rede getroffenen Aussage schwang die tiefsitzende Aversion mit, die beide gegenüber der seit dreißig Jahren andauernden Propaganda teilen, dass es sich nämlich bei der Bundesrepublik um einen Rechtsstaat, hingegen bei der DDR um einen »Unrechtsstaat« handele. Es ist eine diffamierende Vokabel, die sich einzig aus ideologischer Verblendung speist und durch keinerlei wissenschaftliche, juristische oder historische Tatsachen gestützt ist. Auch die Wissenschaftlichen Dienste des Deutschen Bundestages kapitulierten vor einer Erklärung. »Während über die Definition

Begrüßung vorm Haus in Stolzenhagen – coronabedingt mit dem Ellenbogen

des Begriffes ›Rechtsstaat‹ in der wissenschaftlichen Literatur vergleichsweise Einigkeit besteht und dieser oftmals als positiver Bezugspunkt, wenngleich mit unterschiedlicher Akzentuierung, in der politischen Diskussion verwandt wird, ist die Definition und Verwendung des Begriffs ›Unrechtsstaat‹ in Forschung und Politik vor allem in Bezug auf die DDR in hohem Maße umstritten«, heißt es dort in einer Ausarbeitung vom 15. Juni 2018. »Während man einen Rechtsstaat kurz und allgemein gefasst als einen Staat definieren kann, der die Staatsgewalt durch Recht beschränkt und kontrolliert und bei dem verschiedene rechtsstaatliche Elemente unterschieden werden können, lässt sich in der Forschung eine konsensfähige positive Definition des Begriffes ›Unrechtsstaat‹ nicht finden.«

Das – darin unausgesprochene – Grundproblem wurzelt im Umstand, dass das bürgerliche Rechtssystem und das sozialistische Rechtssystem sich nicht miteinander vergleichen lassen. Bei Birnen und Äpfeln tut man dies ja auch nicht, obgleich es sich doch in jedem Falle um Kernobst handelt. Beide Rechtssysteme fußen nämlich auf unterschiedlichen gesellschaftlichen Voraussetzungen oder Bedingungen. Früher nannte man das Produktions- oder Klassenverhältnisse. Heute stellt man zwar das Vorhandensein von Klassen in Abrede, aber sie existieren trotzdem unverändert. Folglich auch die Verhältnisse, die sie mit- und gegeneinander haben. Die verschwiemelte Formel von den Armen und den Reichen und der Kluft, die sich zwischen beiden immer tiefer auftue, die Schere, die weiter auseinandergehe, ist nichts anderes als die Beschreibung der tradierten Klassenverhältnisse, die es im Kapitalismus nun mal gibt. Der US-Wirtschaftswissenschaftler Joseph E. Stiglitz bestätigt das mit seinen Worten: Mehr ökonomische Ungleichheit führe zu mehr politischer Ungleichheit und die wiederum zu noch mehr ökonomischer Ungleichheit. Und in Deutschland, so eine Studie der Universität Osnabrück, entscheide der Bundestag eher für eine bestimmte Politik, je stärker sie von Gutverdienern befürwortet wird. »Neben der ausschließlich der Arbeit frönenden großen Mehrheit bildet sich eine von direkt produktiver Arbeit befreite Klasse, die die gemeinsamen Angelegenheiten der

Gesellschaft besorgt: Arbeitsleitung, Staatsgeschäfte, Justiz, Wissenschaften, Künste usw.«, wusste schon Friedrich Engels in seinem 1877 veröffentlichten »Anti-Dühring«. Kurzum: In einem kapitalistischen Staat haben andere das Sagen als in einem anti-kapitalistischen Staat, und folglich hat jeder auch sein eigenes Rechtssystem. Die Elle, mit der im bürgerlich-kapitalistischen Staat gemessen wird, hat ein anderes Maß als dessen Gegenentwurf.
Dies anzuerkennen, würde auch den Umgang mit der Vergangenheit erleichtern.

Nachfolgend also das Gespräch zweier Ostdeutscher, die ihre Herkunft und ihre Gesinnung nie verleugneten. Es fand in Stolzenhagen statt, einem Ortsteil von Wandlitz, gelegen zwischen der einstigen Waldsiedlung und der Jugendhochschule »Wilhelm Pieck«, und es erfolgte an mehreren Tagen zu einer Zeit, als die Offiziellen den dreißigsten Jahrestag der »Vereinigung« feierten und nicht wenige Zeitgenossen mit begründetem Trotz sich an die Gründung der DDR vor 71 Jahren erinnerten.
Wolff, bald 100, und Krenz, auf die 85 zugehend, kennen sich seit Jahrzehnten. Nicht zum ersten Mal trafen sie sich in diesem Hause, in welchem auch Wolffs ehemaliger Mandant Siegfried Lorenz – von Krenz als sein »einzig noch lebender Politbürogenosse« vorgestellt – freundlich begrüßt wurde.
Der Dialog der beiden Männer bedurfte keiner Moderation. Ein Wort gab das andere. Nur wenn es ausblieb, und nicht die Suche nach Papieren oder im Internet der Grund waren, warfen Siegfried Lorenz oder Frank Schumann eine Frage in die Runde. Und Schumann

transkribierte und ordnete im Anschluss die Ausführungen und gab dem nachfolgenden Text Struktur und eine lesbare Form. Bekanntlich ist eine Rede keine Schreibe. Darum wurden im Nachgang Zitate und Verweise überprüft und präzisiert sowie die Quellen genannt, um sowohl authentisch als auch korrekt zu bleiben.

Kapitel 1

Ist Justiz politisch oder neutral?

EK Das Land, in dem wir heute leben, wechselte im vergangenen Jahrhundert mehrmals das politische System: vom Kaiserreich in die Weimarer Republik, von der Republik in die Nazi-Diktatur und danach ging es in die Bundesrepublik.

FW Für die Westdeutschen. Für uns Ostdeutsche ging es über die antifaschistisch-demokratische Ordnung in die DDR. Und dann wieder zurück ins kapitalistische Deutschland. Ostdeutsche meiner Generation haben folglich zwei Wechsel mehr hinter sich. Aber wenn du schon so kommst, muss ich grundsätzlich widersprechen. Für die Westdeutschen gab es eigentlich nie einen existentiellen, grundsätzlichen Politik- und Kulturwechsel, für uns Ostdeutsche nach 1945 und 1990 gleich zwei. Die Wessis feierten 2019 siebzig Jahre Bundesrepublik, sie hätten Anfang 2021 besser den 150. Geburtstag ihres Gemeinwesens, wie sie den Staat gelegentlich nennen, bejubeln sollen.

EK Weil sie, das heißt nunmehr wir alle, das Bürgerliche Gesetzbuch aus der Kaiserzeit haben?

FW Nicht nur das. Ich denke vornehmlich an das Urteil des Bundesverfassungsgerichts vom 31. Juli 1973, als die Konservativen gegen den Grundlagenvertrag zwischen der BRD und der DDR klagten, weil er nach ihrer Überzeugung gegen das Grundgesetz verstieß. Also meinten damals die höchsten Verfassungsrichter, den Rechtsstatus der BRD klären zu müssen. Sie stellten nach eingehender Erörterung und Abwägung aller historischen Umstände fest, »dass das Deutsche Reich den Zusammenbruch 1945 überdauert hat und weder mit der Kapitulation noch durch Ausübung fremder Staatsgewalt in Deutschland durch die alliierten Okkupationsmächte noch später untergegangen ist«.

Nun aber hieß dieser Staat nicht mehr Deutsches Reich wie unterm Kaiser, in der Weimarer Zeit und auch bei den Nazis, sondern nannte sich »Bundesrepublik Deutschland«. Einerseits wollte man nichts mit dem verbrecherischen Nazi-Reich zu tun haben, andererseits jedoch auf die Kontinuität verweisen. Deshalb erklärten die Verfassungsrichter: »Mit der Errichtung der Bundesrepublik Deutschland wurde nicht ein neuer westdeutscher Staat gegründet, sondern ein Teil Deutschlands neu organisiert [...]. Die Bundesrepublik Deutschland ist also nicht ›Rechtsnachfolger‹ des Deutschen Reiches, sondern als Staat identisch mit dem Staat ›Deutsches Reich‹.«

Und dieser Staat wurde bekanntlich 1871 im Spiegelsaal von Versailles ausgerufen.

EK Nun heißt es aber: Diese Auffassung sei durch den 2+4-Vertrag im September 1990 revidiert, als die vier Mächte die beiden deutschen Staaten in die Souveränität entließen?

FW Davon ist mir nichts bekannt.

EK Allerdings möchte die politische Klasse auch in der vereinigten Bundesrepublik nicht gern an den Ursprung erinnert werden. Ich entsinne mich, dass zwei Jahre vor diesem Grundsatzurteil des BVG der seinerzeitige Bundespräsident Gustav Heinemann ein wenig zauderte, 100 Jahre Reichsgründung zu feiern. Ich war damals Anfang Dreißig und fand es bemerkenswert, als er bei seiner im Fernsehen übertragenen Ansprache feststellte, hundert Jahre Deutsches Reich heiße nicht nur zwei Mal Versailles – 1871 und 1919 –, sondern heiße auch Auschwitz, Stalingrad und bedingungslose Kapitulation.

FW Ja, daran wollen sie nicht gern erinnert werden. Für diese Bemerkung bezog Heinemann öffentlich Prügel. Ähnlich wie sein Nachfolger Richard von Weizsäcker 1985, als der es wagte, den 8. Mai 1945 als den »Tag der Befreiung« zu bezeichnen, und nebenbei auch noch die Kommunisten rehabilitierte: »Als Deutsche ehren wir das Andenken der Opfer des deutschen Widerstandes, des bürgerlichen, des militärischen und glaubensbegründeten, des Widerstandes in der Arbeiterschaft und bei Gewerkschaften, des Widerstandes der Kommunisten.« Denn die kamen bis dahin in der offiziellen Behandlung des antifaschistischen Widerstandes überhaupt nicht vor. Da beschränkte sich der Widerstand allenfalls auf die Militärs vom 20. Juli 1944.
Heinemann wurde damals eine »geschichtsrevisionistische Sicht« auf die deutsche Geschichte vorgehalten, bei von Weizsäcker gab man sich etwas gelassener. Doch noch immer scheut sich die regierende Klasse,

eine Linie von damals bis in die Gegenwart zu ziehen, und nennt nun jene Geschichtsrevisionisten, die genau das tun. Mit Bismarcks mit »Blut und Eisen« gebildetem Nationalstaat möchte man offiziell nichts zu tun haben, nichts mit Kolonialismus, nichts mit imperialen Herrschaftsansprüchen, mit Nationalismus, Chauvinismus, Antisemitismus und Genozid.
Doch aus dieser Geschichte, ich verweise noch einmal auf das höchstrichterliche Urteil von 1973, kommen sie nie mehr raus. Auch die jetzt amtierende Führung hat diesen Rechtsstandpunkt bekräftigt. Zum siebzigsten Jahrestag des Potsdamer Abkommens hatte damals die Linksfraktion im Bundestag eine entsprechende Kleine Anfrage an die Bundesregierung gerichtet. Darauf hieß es am 30. Juni 2015: »Das Bundesverfassungsgericht hat in ständiger Rechtsprechung festgestellt, dass das Völkerrechtssubjekt ›Deutsches Reich‹ nicht untergegangen und die Bundesrepublik Deutschland nicht sein Rechtsnachfolger, sondern mit ihm als Völkerrechtssubjekt identisch ist.«

EK Im Übrigen ging 1985 das westdeutsche Staatsoberhaupt auch auf das Verhältnis zur Sowjetunion und deren Erklärung ein, dass es »der sowjetischen Führung beim 40. Jahrestag des Kriegsendes nicht darum (gehe), antideutsche Gefühle zu schüren«. »Gerade wenn wir Fragen auch an sowjetische Beiträge zur Verständigung zwischen Ost und West und zur Achtung von Menschenrechten in allen Teilen Europas haben, gerade dann sollten wir dieses Zeichen aus Moskau nicht überhören.«
Ich nenne das doppelzüngig und heuchlerisch. Auf der einen Seite betont man die Kontinuität, auf der ande-

Mithilfe des Internets und des Handys wird die Erinnerung aufgefrischt, wenn das Zitat nur ansatzweise bekannt ist. Beide Gesprächspartner sind mit der Technik sehr vertraut

ren Seite will man mit den Verbrechen dieses »Völkerrechtssubjektes« nichts zu tun haben.

FW Ist die bürgerliche Moral, die sich darin ausdrückt, nicht immer doppelbödig, Egon? Wenn Moral beispielsweise Geld kostet, distanziert man sich und nennt es Imperialismus oder Diktatur. Wenn sie politisch nützlich ist, legt man Moral eben ganz anders aus und benutzt sie als propagandistische Keule.
Bei Geld endet nicht nur die Freundschaft, sondern endet auch die Moral. Ich nenne nur als Beispiel die Klagen von Italienern und Griechen, deren Angehörige Opfer deutscher Kriegsverbrechen waren. Sie hatten

vor dem Internationalen Gerichtshof in Den Haag auf Schadensersatz geklagt, nachdem bereits italienische und griechische Gerichte ihnen Recht gegeben hatten. Der IGH hingegen stellte 2012 zwar nicht in Abrede, dass es sich bei den Massakern in Civitella und Distomo um deutsche Kriegsverbrechen gehandelt habe. Aber: Mit der Zulassung der zivilrechtlichen Klagen in Italien (und der Beschlagnahmung einer deutschen Immobilie) und mit der Vollstreckung der griechischen Urteile sei »die Staatenimmunität der Bundesrepublik« verletzt worden.

EK Was bedeutete das?

FW Dass kein Staat Gerichtsbarkeit über einen anderen habe. Jeder Staat darf nur vor eigenen Gerichten verklagt werden.

EK Das heißt also, die Italiener und Griechen hätten in Deutschland und nicht in ihren Heimatländern klagen sollen.

FW Was sie ja bereits getan hatten und dort gescheitert waren. Darum hatten sie sich ja auch nach Den Haag gewandt. Der Bundesgerichtshof nämlich hatte bereits 2004 Ersatzansprüche der Geschädigten des Distomo-Massakers verneint. Mit dem 2+4-Vertrag hätte sich die »Einstandspflicht« der Bundesrepublik erledigt, die sich vielleicht noch aus dem Londoner Schuldenabkommen von 1953 ergeben hätten, hieß es zur Begründung aus Karlsruhe.

EK Das nennt man wohl, einen von Pontius zu Pilatus schicken.

FW So ist es. Hätte Den Haag nämlich etwa im Sinne der Angehörigen der 1944 von der SS massakrierten 218 Bewohner des griechischen Dorfes Distomo entschieden, wäre der Weg frei gewesen, dass von Kriegshandlungen betroffene Menschen überall auf der Welt Schadensersatzansprüche vor nationalen Gerichten hätten geltend machen und durchsetzen können – was auch für gegenwärtige kriegerische Konflikte von Bedeutung ist. Denken wir etwa nur an die NATO-Einsätze mit deutscher Beteiligung in Jugoslawien oder Afghanistan. So aber entschied Den Haag für Deutschland, womit die zivilen Opfer von Kriegs- und Völkerrechtsverbrechen rechtlos gestellt wurden.

EK Was man fast als Freibrief für kriegerische Aggressionen interpretieren könnte.

FW Egon, du sagst es. Denke nur an Kunduz 2009, als ein Oberst der Bundeswehr den Angriff auf einen Tanklastzug befahl, bei dem mindestens fünfzig Menschen starben, darunter Frauen und Kinder. Vielleicht waren es auch weit über hundert Opfer: Es gibt keine exakten Zahlen. Der Generalbundesanwalt stellte die Ermittlungen ein, da angeblich weder die Vorschriften des Völkerstrafgesetzbuches noch die Bestimmungen des Strafgesetzbuches verletzt wurden. Eine Anklage wegen Mordes wurde vom Oberlandesgericht Düsseldorf zurückgewiesen, und die Schadensersatzklagen von Hinterbliebenen vor dem Landgericht Bonn führten zur Feststellung des Bundesgerichtshofes, dass Deutschland keinen Schadensersatz leisten müsse.

EK Irgendwo habe ich gelesen, dass die Bundesregierung trotzdem den Familien der Opfer jeweils fünftausend Euro gezahlt habe.

FW Ja, aber unter ausdrücklichem Hinweis, dass dies kein Schuldeingeständnis sei. Der BGH verneinte zudem im Grundsatz, dass die Bundesrepublik für fahrlässige Pflichtverletzungen von Bundeswehrsoldaten bei Auslandseinsätzen haften müsse. Das Bundesverteidigungsministerium legte Wert auf die Feststellung, dass es sich nicht um »Entschädigungen«, sondern um »humanitäre Hilfen« handelte, die mit Dorfältesten und Angehörigen der Opfer ausgehandelt worden seien.

EK Ausgehandelt?

FW Offiziell hieß es natürlich »vereinbart«. Aber letztlich wurde, wie Trump gesagt hätte, ein Deal gemacht, um Ruhe zu haben.
Die Bundesregierung hat seit 1949 taktiert und laviert, um – von einigen Sonderzahlungen wie dieser abgesehen – nicht zahlen zu müssen. Umso perverser die brutalen Rückzahlungsforderungen etwa an Griechenland nach der Finanzkrise 2008/09. Zumal die Nazis den Griechen 1942 eine halbe Milliarde Reichsmark als »Zwangsanleihe« während der Besetzung geraubt hatten. Griechenland erklärte 2015, dass dies nach heutigem Wert über zehn Milliarden Euro darstellte ... Nun aber presste die Bundesregierung Griechenland aus, damit es den EU-Banken, vornehmlich den in Deutschland ansässigen, die Kredite und die Zinsen zurückzahlte.

EK Also halten wir mal fest: Die heutige Bundesrepublik Deutschland, deren Bürger wir 1990 ohne unser Zutun geworden sind …

FW Was heißt »ohne unser Zutun«? Ich bin so wenig gefragt worden wie Millionen andere DDR-Bürger auch. Der Verweis auf das Volkskammervotum am 18. März 1990, mit dem dieser Anschluss demokratisch legitimiert worden sei, ist eine weitere Lebenslüge dieses Staates. Wir wissen doch, wie diese Wahlen liefen. Hier haben westdeutsche Parteien massiv Wahlkampf gemacht und die Leute überrumpelt, mindestens getäuscht mit Versprechungen von blühenden Landschaften und dass es niemandem schlechter gehen werde. Es fanden sich genug Kollaborateure, die ihnen zu Diensten waren. Mancher bekam zwar den Hals nicht voll genug und wurde schon bald vom System wieder ausgeschieden, aber etliche partizipieren noch heute von dieser 1990er Kumpanei mit dem Kapital.

EK Fritz, du hast ja Recht. Wir selbst, das heißt die politische Führung der DDR, waren nicht schuldlos, dass es soweit gekommen war. Die Ursache unserer Niederlage ist nicht nur subjektives Versagen. Es ist ein Amalgam aus innen- und weltpolitischen, aus objektiven und subjektiven Ursachen. Die DDR stand immer auf der Abschussliste der sogenannten westlichen Wertegemeinschaft.

FW Sie haben uns von Anfang an weghaben wollen, seit 1949. Da bist du noch zur Schule gegangen, als es losging. Die DDR war von Beginn an der Staatsfeind Nr. 1 der Bundesrepublik, diesem reorganisierten Rest des Deutschen Reiches, und damit auch ihrer Justiz.

Kämpferisch und kundig: Friedrich Wolff

Ich könnte nun Beispiele ohne Zahl nennen etwa zur personellen Kontinuität, mit der die rote Linie – von Bismarcks Sozialistengesetz über das KPD-Verbot im Dritten Reich und in der Bundesrepublik bis hin zur

Hallstein-Doktrin und zur »Unrechtsstaat«-These – gehalten wird.
Ich nehme nur mal Theodor Maunz, dessen 1951 erstmals erschienenes Lehrbuch »Deutsches Staatsrecht« seither Dutzende Male verlegt wurde und noch immer im Gebrauch ist. »Wie kaum ein anderes Lehrbuch zu diesem Rechtsgebiet hat es die Ausbildung der jungen Juristen über Jahrzehnte hinweg mitgeprägt. Durch sein regelmäßiges Erscheinen ist es auch so etwas wie das Spiegelbild der deutschen Staats- und Rechtsordnung nach dem Zweiten Weltkrieg geworden. Eines der besten Bücher zum Staatsrecht, das zur Lehrbuchausstattung jedes Studenten gehören sollte«, hieß es 2008 zur 32. Auflage. Das steht noch immer im Internet.
Maunz (CSU) musste nach sieben Jahren als bayerischer Kultusminister 1964 seinen Hut nehmen, als bekannt wurde, dass er – seit 1933 NSDAP- und SA-Mitglied – mit seinen Arbeiten dem faschistischen Führerstaat juristische Legitimität verschafft hatte. »Die Vorstellung, der Zweck der Verwaltungsrechtspflege bestehe im Schutz der Freiheitssphäre des Individuums gegen Maßnahmen der staatlichen Verwaltung, mochte im liberalen Staat eine Berechtigung gehabt haben, im nationalsozialistischen Staat muss sie ausgeschaltet werden«, schrieb Maunz 1934 und wurde damit Professor der Rechte in Freiburg. »Das zentrale Rechtsgebilde, hinter dem alle anderen Rechtsgebilde zurückzutreten haben, ist der politische Führer.«
1948 nahm Maunz am Verfassungskonvent auf Herrenchiemsee teil, auf dem das Grundgesetz ausgearbeitet wurde. Maunz stieg rasch zu einem der führenden Verfassungsrechtler der BRD auf. Roman Herzog, einer seiner Schüler und in den neunziger Jahren Bundesprä-

sident, schrieb im Nachruf: »Maunz war nach 1948/49 mit Sicherheit einer der beherrschenden Verfassungsrechtler der Bundesrepublik Deutschland, man kann auch sagen, er hat das demokratische Verfassungsrecht der Bundesrepublik mitgeprägt.«
Maunz musste als Minister gehen, behielt aber seinen Professorentitel und schrieb heimlich für die Presse der Rechtsextremisten. Nach seinem Ableben 1993 offenbarte die *National-Zeitung*, das Organ der neofaschistischen Deutschen Volksunion (DVU) – sie sollte später in der NPD aufgehen –, dass Maunz nicht nur den Herausgeber der Postille und Parteivorsitzenden Gerhard Frey juristisch beraten, sondern auch viele Jahre anonym Beiträge in dieser Zeitung veröffentlicht hatte.
Wie Maunz befanden sich in der Rechtswissenschaft und der Justiz der Bundesrepublik viele ehemalige Nazis. Ihre antikommunistische Gesinnung brauchten sie nicht aufzugeben. Für sie bestand das Deutsche Reich in der BRD fort.

EK Deutschland war für sie ausschließlich die BRD!

FW Und ist es ja auch noch immer. Übrigens fand ich bemerkenswert, dass Willy Brandt in seinen 1993 veröffentlichten Erinnerungen erklärte: »Ich habe die These vom prinzipiell ungeschmälerten Fortbestand des Deutschen Reiches für Unfug gehalten, mich aber nicht mit denen anlegen mögen, die sie vertraten. Es hätte mich von sinnvoller Arbeit abgehalten.«
Das war eine billige Ausrede, wie ich fand. Gab es damals, nach dem Krieg, etwas Sinnvolleres und Dringenderes als die konzeptionelle Frage zu beantworten, ob

Deutschland dort weitermachen sollte, wo es zwangsweise aufhören musste? Oder sollte es nicht besser sein, mit der Vergangenheit zu brechen und etwas gänzlich Neues zu beginnen?

EK Wie es im Osten geschah.

FW Wie es in der sowjetisch besetzten Zone geschah. Aber die Chance für einen Neubeginn hatte faktisch in ganz Deutschland bestanden, nachdem die Antihitlerkoalition die Nazidiktatur militärisch niedergeschlagen und die Alliierten de facto die Regierungsgewalt hatten. Das politische System und dessen ökonomische Basis, die in die nationale Katastrophe geführt hatten, mussten überwunden werden. Ich erinnere nur an den Aufruf der KPD vom 11. Juni 1945 – der mich übrigens zum Eintritt in diese Partei veranlasste. Darin wurde auf die Verbrechen des Hitlerregimes gegenüber den Völkern Europas verwiesen und erklärt: »Wäre Gleiches mit Gleichem vergolten worden, deutsches Volk, was wäre mit dir geschehen?«

EK Eben. Ich fand es zudem bemerkenswert, wie in dem KPD-Aufruf die Verantwortung des Einzelnen für die Verbrechen deutlich gemacht wurde: Schließlich hatte eine qualifizierte Mehrheit diese Diktatur bis zum Ende getragen.

FW Das sollten wir uns immer vor Augen halten und auch 75 Jahre nach der Befreiung nicht vergessen: »Um so mehr muss in jedem deutschen Menschen das Bewusstsein und die Scham brennen, dass das deutsche Volk einen bedeutenden Teil Mitschuld und Mitverant-

wortung für den Krieg und seine Folgen trägt. Nicht nur Hitler ist schuld an den Verbrechen, die an der Menschheit begangen wurden! Ihr Teil Schuld tragen auch die zehn Millionen Deutsche, die 1932 bei freien Wahlen für Hitler stimmten, obwohl wir Kommunisten warnten: ›Wer Hitler wählt, der wählt den Krieg!‹
Ihren Teil Schuld tragen alle jene deutschen Männer und Frauen, die willenlos und widerstandslos zusahen, wie Hitler die Macht an sich riss, wie er alle demokratischen Organisationen, vor allem die Arbeiterorganisationen, zerschlug und die besten Deutschen einsperren, martern und köpfen ließ.
Schuld tragen all jene Deutschen, die in der Aufrüstung die ›Größe Deutschlands‹ sahen und im wilden Militarismus, im Marschieren und Exerzieren das alleinseligmachende Heil der Nation erblickten. Unser Unglück war, dass Millionen und aber Millionen Deutsche der Nazidemagogie verfielen, dass das Gift der tierischen Rassenlehre, des ›Kampfes um Lebensraum‹ den Organismus des Volkes verseuchen konnte.
Unser Unglück war, dass breite Bevölkerungsschichten das elementare Gefühl für Anstand und Gerechtigkeit verloren und Hitler folgten, als er ihnen einen gutgedeckten Mittags- und Abendbrottisch auf Kosten anderer Völker durch Krieg und Raub versprach. So wurde das deutsche Volk zum Werkzeug Hitlers und seiner imperialistischen Auftraggeber.«
Die KPD 1945!

EK Mich macht es wütend zu sehen, mit welcher Arroganz und Überheblichkeit schon seit Jahren mit den Russen umgegangen wird, diese Russophobie, mit der alles in den Dreck getreten wird. Bekanntlich trug die

Sowjetunion die Hauptlast der Befreiung des Kontinents vom Faschismus. Das russische Volk zahlte den höchsten Blutzoll – da wäre ein wenig Zurückhaltung und größeres Feingefühl wahrlich angebracht.

FW Was erwartest du von eingefleischten Antikommunisten? Ich habe dein Buch »Wir und die Russen« sehr aufmerksam und mit großem Gewinn gelesen. Darin machst du einerseits klar, dass es ohne die Sowjetunion die DDR nicht gegeben hätte, und andererseits verschweigst du auch nicht, wie kompliziert und schwierig der Umgang miteinander war, auch unter Kommunisten. Du bist da sehr ehrlich und offenherzig. Das hat mir sehr gefallen.

EK Wir müssen ehrlich zu uns selbst sein, wenn wir über die eigene Vergangenheit reden. Umso überzeugender können wir doch den anderen deren kriminelle Geschichte vorwerfen. Ich denke, wir haben damals unsere Glaubwürdigkeit dadurch beschädigt, dass wir uns die Wahrheit nicht immer zugemutet haben.

FW Aus Sorge, dass der Klassengegner unsere offenen Eingeständnisse gegen uns verwenden würde. Wie immer.

EK Egal, was wir taten oder unterließen: Es wurde immer gegen uns eingesetzt. Die DDR war, wenn man ihre Errungenschaften anerkannte, was selten genug geschah, nicht erfolgreich wegen der SED, sondern trotz der SED. Auch Putin kann machen, was er will: Er wird dafür attackiert. Und das aus einem einfachen Grunde – er hat den Russen nach den menschenunwürdigen

Jelzin-Jahren die nationale Würde und ihr Selbstbewusstsein zurückgegeben. Das genau stört sie, und deshalb liebte der Westen seinen Vorgänger Jelzin, weil der ihm mehr oder minder hörig war.
Ein russischer Freund schrieb mir vor Jahren: »Wir haben den Krieg gewonnen und letztlich doch verloren. An unseren Grenzen steht die NATO. Fremde Truppen in der Nähe unserer Heimaterde, das sollte es nach den furchtbaren Erfahrungen des deutschen Überfalls vom 22. Juni 1941 nie wieder geben. Dafür starben Millionen meiner Landsleute. Siebzig Jahre danach wird Russland von Deutschland wieder bestraft, nicht mit einem Überfall, aber mit einem Wirtschaftskrieg und mit übler Hetze gegen mein Heimatland.«

FW Ich will noch mal auf die Weichenstellung in der Nachkriegszeit zurückkommen. Natürlich haben die Besatzungsmächte massiv darauf Einfluss genommen, dass in ihren Zonen eine Kopie ihrer eigenen Gesellschaft entsteht. Die USA, Großbritannien und Frankreich waren, im Unterschied zur Sowjetunion, kapitalistische Staaten. Und jeder einzelne davon verfolgte auch nationale Interessen. Nach meiner Überzeugung gibt es zwischen Staaten keine Freundschaft, schon gar keine unverbrüchliche. Staaten haben Interessen, und es gibt Schnittmengen mit den Interessen anderer Staaten. Die kann man dann gemeinsam verfolgen. Die Schnittmenge der Westmächte mit der – wenngleich geschlagenen, aber physisch noch existierenden – Herrschaftsschicht in den Westzonen waren der Antisowjetismus und der Antikommunismus. Und die Amerikaner wollten überdies den »Fehler« nicht wiederholen, den sie nach dem Ersten Weltkrieg begingen,

Hellwach und sensibel, wenn andere gegen Chinesen und Russen hetzen und die Kriegstrommel rühren: Egon Krenz

als sie sich nämlich aus Europa zurückzogen. Sie hatten jetzt beschlossen zu bleiben. Für immer und ewig. Daran wie auch an der Verdrängung der Russen an die Peripherie Europas und an deren Marginalisierung halten sie unbeirrt fest. Russland wurde nicht grundlos von US-Präsident Obama hämisch und höhnisch als »Regionalmacht« bezeichnet.

EK Wegen der Interessen der USA wurden ja auch alle Vorschläge Moskaus für die deutsche Einheit abgewiesen – ich erinnere nur an die Stalin-Noten von 1952. Selbst der Deutschlandplan der SPD von 1959 wurde auf Drängen der USA umgehend in den Papierkorb gestopft. Herbert Wehner hatte ihn maßgeblich verfasst: In Mitteleuropa sollte eine entmilitarisierte und atomwaffenfreie »Entspannungszone« eingerichtet werden, die von den USA und der Sowjetunion abgesichert werden würde. In drei Stufen wollte man dann die Wiedervereinigung Deutschlands vorantreiben. Dazu sollte zunächst eine von der BRD und der DDR paritätisch besetzte »Gesamtdeutsche Konferenz« die weiteren Schritte vorbereiten. Im Sommer 1960 erklärte Wehner im Bundestag jedoch, dass die SPD diesen Plan nicht weiterverfolgen werde.

FW Wehner, so habe ich ihn in Erinnerung, war eine interessante Figur.

EK Und ob! Insbesondere als Fraktionschef der SPD in den siebziger Jahren war er eine Schlüsselfigur in den Beziehungen zwischen der BRD und der DDR. Er und Honecker kannten sich aus dem antifaschistischen Widerstand im Saargebiet, sie waren befreundet. Ihre Freundschaft überdauerte auch die schwierigsten Zeiten. Wehner gehörte, wie du weißt, seinerzeit dem Politbüro der KPD an, wurde wegen Verdächtigungen aus der Partei ausgeschlossen und wechselte nach dem Krieg zur SPD … Herbert Wehner war der einzige Politiker in der Bundesrepublik, der Honeckers private Nummer besaß und auch viel mit ihm telefonierte.

Proletarier aller Länder, vereinigt euch!

NEUES DEUTSCHLAND

ORGAN DES ZENTRALKOMITEES DER SOZIALISTISCHEN EINHEITSPARTEI DEUTSCHLANDS

28. Jahrgang / Nr. 150 | Berlin, Freitag, 1. Juni 1973 | B-Ausgabe / Einzelpreis 15 Pf

BERLIN (ADN). Der Erste Sekretär des ZK der SED, Erich Honecker, empfing am Donnerstagnachmittag die Vorsitzenden der SPD- und der FDP-Fraktion im Bundestag der BRD, Herbert Wehner und Wolfgang Mischnick, zum Abschluß ihres Aufenthaltes in der DDR zu einem gemeinsamen Gespräch. Foto: ND/Schmidtke

Treffen Erich Honeckers mit Herbert Wehner

Gedankenaustausch über die Beziehungen zwischen den beiden deutschen Staaten

Berlin (ADN). Der Erste Sekretär des Zentralkomitees der SED, Erich Honecker, empfing am 31. Mai 1973 den Vorsitzenden der Fraktion der SPD im Bundestag der Bundesrepublik Deutschland, Herbert Wehner, zu einem Gespräch. Auf Einladung des Präsidiums der Volkskammer und der Fraktion der SED in der Volkskammer weilte Herbert Wehner in der Deutschen Demokratischen Republik.

Beide Seiten brachten ihre Genugtuung über die Fortschritte zum Ausdruck, die während der letzten Zeit in Richtung auf Entspannung und Sicherheit in Europa erzielt werden konnten. Dabei würdigten sie die große Bedeutung der Verträge der UdSSR und der VR Polen mit der BRD, des Vertrages über die Grundlagen der Beziehungen zwischen der DDR und der BRD sowie des Vier-

gelöst, wie es im Grundlagenvertrag vorgesehen ist. Eine besondere Rolle werden die Abkommen spielen, die entsprechend diesem Vertrag auf dem Gebiet der Wirtschaft, der Wissenschaft und Technik, des Verkehrs, des Rechtsverkehrs, des Post- und Fernmeldewesens, des Gesundheitswesens, der Kultur und des Sportes, des Umweltschutzes und über andere beiderseits interessierende Fragen abzu-

heit und Zusammenarbeit in Europa und ihr erfolgreicher Verlauf werden nach ebenfalls übereinstimmender Auffassung ein wesentlicher Beitrag dazu sein, eine friedliche Entwicklung in Europa zu gewährleisten.

Das Gespräch fand in einer sachlichen und aufgeschlossenen Atmosphäre statt.

Essen der LDPD-Fraktion für Wolfgang Mischnick

Berlin (ADN). Auf Einladung der LDPD-Fraktion der Volkskammer der DDR weilte der Vorsitzende der FDP-Fraktion im Bundestag der

In allen Bereichen wird höheres Rationalisierungstempo vorgelegt

Kollektive ziehen Schlußfolgerungen aus der 9. ZK-Tagung / Gewerkschafter berieten in Berlin verbesserte Wettbewerbsführung in produktionsvorbereitenden Bereichen

Berlin (ND/ADN). In allen Wirtschaftsbereichen ist das Bemühen spürbar, die reichen Anregungen, die im Bericht des Politbüros an die 9. Tagung des ZK der SED für ein rasches und stabiles Wachstum unserer Volkswirtschaft gegeben wurden, unverzüglich für die eigene Arbeit nutzbar zu machen. Die Verbesserung der Wettbewerbsführung in wissenschaftlichen Einrichtungen und produktionsvorbereitenden Bereichen stand am Donnerstag in Berlin im Mittelpunkt eines Erfahrungsaustausches im Haus des FDGB-Bundesvorstandes.

Über 40 Gewerkschaftsfunktionäre aus Betrieben und FDGB-Vorständen der Republik berieten unmittelbar nach der 9. Tagung des ZK der SED, wie durch eine wirksamere Organisierung des sozialistischen Wettbewerbes der Anteil der Erzeugnisse mit hohem wissenschaftlich-technischem Niveau in der Produktion erhöht werden kann. Sie verwiesen auf die im Bericht des Politbüros hervorgehobene Tatsache, daß seit dem VIII. Parteitag der SED über 4000 Neu- und Weiterentwicklungen produktionswirksam wurden, ihre wissenschaftlich-technischen Parameter jedoch oft noch nicht den heute zu fordernden Ansprüchen genügen.

Forschung für neue Technologien

Horst Heintze, Mitglied des Präsidiums und Sekretär des FDGB-Bundesvorstandes, machte deutlich, daß das langfristige ökonomische Wachstum von einer anhaltenden Beschleunigung der wissenschaftlich-technischen Entwicklung getragen werden muß. Er führte an, daß Forschung, Entwicklung, Konstruktion und Technologie zu etwa 70 Prozent über den Materialeinsatz und zu annähernd 90 Prozent über die Steigerung der Arbeitsproduktivität sowie auch über den Hauptanteil der künftigen Kosten der Erzeugnisse entscheiden. Das unterstreiche die Notwendigkeit, Wissenschaft und Produktion noch wirksamer zu verbinden. Dabei gelte es, stärker zu auftragsgebundener Prämierung als materiellen Anreiz überzugehen.

Über die gemeinsamen Anstrengungen von Arbeitern, Wissenschaftlern und Forschern bei der Steigerung der Arbeitsproduktivität berichtete Dr. Günther Häßler, stellvertretender BGL-Vorsitzender der Fachdirektion Forschung der Leuna-Werke. Ihre gemeinsame Aufgabenstellung laute, 65 Prozent der künftigen Steigerung der Arbeitsproduktivität durch Wissenschaft und Technik zu erreichen. BGL-Mitglied Wolfgang Janke aus dem VEB Chemische Werke Buna teilte u. a. mit, daß die produktionsvorbereitenden Bereiche bereits mit vielen Initiativen die Gegenpläne der Fertigungsabteilungen unterstützen und eigene entsprechende Verpflichtungen vor allem in der PVC-Produktion und Konsumgüterentwicklung übernommen haben. Gerhard Muth, Mitglied des FDGB-Bundesvorstandes, machte darauf aufmerksam, daß in vielen Betrieben die Verbindung von Forschung, Entwicklung und Projektierung nicht organisiert ist und sie parallel zueinander arbeiten. In manchen Betrieben werden die Forschungskapazitäten zwar für die Weiterentwicklung von Erzeugnissen, aber ungenügend für Technologien eingesetzt, mit denen besser und billiger produziert werden kann. Hier eröffne sich ein weites Feld für die gewerkschaftliche Arbeit.

Vorfristig rekonstruiert

Stahl- und Walzwerk Brandenburg: Mehr als zwei Tage vorfristig wurde jetzt die Rekonstruktion der Drahtwalzstraße beendet. Die in den vergangenen zwei Wochen montierten neuen Aggregate ermöglichen eine höhere Walzgeschwindigkeit, so daß täglich bis zu 80 Tonnen Walzdraht mehr erzeugt werden können. „Damit entsprechen wir der Forderung des VIII. Parteitages nach höherer Effektivität. Wir haben Genossen Honecker auf der 9. Tagung des ZK wohl verstanden, als er über die Notwendigkeit allseitiger Planerfüllung und hoher Kontinuität der Produktion für ein stabiles Wachstum sprach", erklärte Genosse Heinrich Förster aus der Brigade „7. Oktober". „Wir wollen vor allem die Qualität unter Kontrolle nehmen, die uns noch nicht zufriedenstellt." Daß die Kollegen mit Tatkraft und Fleiß dabei sind, beweist u. a. der Zeitgewinn bei der Rekonstruktion."

Siehe auch Seite 3

Gisela Berger und Waltraud Rönisch (rechts) gehören zum Kollektiv der Spinnerei im VEB Textilwerke Hartha. Der Betrieb will im ersten Halbjahr 50 000 Quadratmeter Stoff über den Plan produzieren Foto: ADN/ZB/Koch

Kampfkurs X – wachsam und gefechtsbereit

Leitende Partei- und Staatsfunktionäre der Bezirke bei Soldaten der NVA

Titelseite des *Neuen Deutschland* vom 1. Juni 1973. Wehner (1906–1990) besaß als einziger Politiker der BRD Honeckers private Telefonnummer, die er häufig nutzte. Um den Grundlagenvertrag zu retten, kam er persönlich

FW Warst du bei dem Besuch Wehners im Juni 1973 dabei? Der kam für uns alle überraschend; ich erinnere mich an das Foto auf der ersten Seite im *Neuen Deutschland,* das Wehner, Mischnick und Honecker an der Kaffeetafel im Grünen zeigte.

EK Nein, an diesem Gespräch selbst war ich nicht beteiligt, wohl aber am Vorabend beim Essen im Gästehaus des Ministerrates mit allen Fraktionchefs der Volkskammer. Ich leitete damals die Fraktion der FDJ. Wehner hatte um dieses Treffen mit den DDR-Parlamentariern gebeten, weil er fürchtete, im Westen der Kumpanei mit Honecker bezichtigt zu werden. So sprach denn eben der SPD-Fraktionschef im Deutschen Bundestag mit seinen DDR-Kollegen von den Blockparteien SED, CDU, LDPD, NDPD, DBD sowie dem FDGB, DFD, Kulturbund und der FDJ. Ein ganz normaler Vorgang zwischen Staaten, die ihr jeweiliges politisches System respektierten. Das nennt man wohl Demokratie. Dass der FDP-Fraktionschef lediglich zum Abschlussfoto erschien, fiel nicht einmal der Westpresse auf.

FW Mit welchen Erwartungen bist du da hingegangen?

EK Erwartungen? Mich hatte Honecker vorher instruiert, und er erwartete anschließend einen schriftlichen Bericht. Im Gegenzug gab er mir später das Protokoll seines Gespräches mit Wehner. Deshalb weiß ich genau, worüber die beiden geredet haben.

FW Vermutlich ging es um die Ausreisen von DDR-Bürgern, den sogenannten »Kofferfällen«?

EK Das schrieb anschließend die Westpresse. Egon Bahr hatte bei den Verhandlungen zum Grundlagenvertrag einige nicht feine Bemerkungen gemacht, weshalb wir die Ausreise von etwa zweihundert DDR-Bürgern stoppten. Sie saßen bereits auf gepackten Koffern, doch wir hielten nach Bahrs Äußerungen die Ausreisepapiere zurück. Bei einem Spaziergang klärten Wehner und Honecker auch dieses Problem nebenbei. Der Grund seines Besuches war allerdings etwas ganz anderes.

FW Nämlich?

EK Der Grundlagenvertrag stand auf der Kippe. Eine Woche zuvor, drei Tage vor der Bundesratssitzung, hatte die Bayerische Staatsregierung das Bundesverfassungsgericht angerufen, damit es prüfe, ob der Vertrag nicht gegen das Wiedervereinigungsgebot und die Fürsorgepflicht der Bundesrepublik für alle Deutschen verstieße. Obgleich der Bundestag am 11. Mai mehrheitlich den Vertrag ratifiziert hatte, lehnte ihn die Mehrheit der unionsregierten Länder im Bundesrat ab, und die Union strengte überdies eine Normenkontrollklage in Karlsruhe an. Wir jedoch hatten den Grundlagenvertrag noch nicht ratifiziert, weil wir immer noch verstimmt waren. Herbert Wehner kam nun und warb um Vertrauen, er wollte den Vertrag retten. Gleich uns war er ziemlich entrüstet, dass Willy Brandt, Kanzler und Parteivorsitzender, in der Bundestagsdebatte den Konservativen zum Munde geredet hatte. Honecker monierte gegenüber Wehner, dass Brandt die alten nationalistischen Vokabeln des Kalten Krieges benutzte, als er von »einem Volk« sprach, das in »zwei Staaten« lebe. Und dass der Vertrag nur zeitweilig und nur so lange gelten würde, bis die offene nationale Frage beantwortet sein werde. Das »Sonderverhältnis« zwischen den deutschen Staaten ende, sobald es die Möglichkeit gebe, die »Einheit Deutschlands unter Verwirklichung des Selbstbestimmungsrechts des deutschen Volkes« herzustellen, die »friedliche Veränderung der Grenzen« sei nicht ausgeschlossen. Damit bediente Brandt ganz eindeutig die Konservativen. Wehner erklärte gegenüber Honecker, dass er diese Äußerungen Brandts für einen Fehler halte. Er verstehe zwar, dass Brandt das

Beste wolle, deshalb stehe er auch unverändert loyal zu ihm, aber er bediene mit solchen Formulierungen illusionäre Vorstellungen.

FW Wehner war halt ein politischer Kopf. Der durchschaute natürlich den Versuch, den Grundlagenvertrag zu einem Vertrag zweiter Klasse zu machen.

EK Genau. Offenkundig gab es Kräfte auch in seiner Partei, die dem Vertrag eine geringere völkerrechtswirksame Bedeutung zusprachen, die ihn kleinreden wollten. Wörtlich sagte Wehner laut Protokoll zu Honecker: »Die Verträge – das Vierseitige Abkommen, der Moskauer, Warschauer und Berliner Vertrag – sind stabilisierende Faktoren in der Welt.« Wehner unterschied da nicht. Den von ihm als »Berliner Vertrag« bezeichneten Grundlagenvertrag sah er als elementaren Bestandteil der europäischen Sicherheitspolitik. Die Bundesregierung würde akzeptieren, sagte er, dass die DDR Teil der Gemeinschaft sozialistischer Staaten und mit der Sowjetunion fest verbunden sei. Jeder Versuch, an der DDR vorbei etwas zu erreichen oder gar die Positionen der DDR im Innern zu untergraben, würde zu einem Unglück führen.

FW Womit er unbedingt recht hatte. Und das Bundesverfassunsggericht entschied ja auch drei Wochen später, dass der Grundlagenvertrag mit dem Grundgesetz vereinbar sei.

EK Das hatte Wehner auch prophezeit. Der Zweite Senat in Karlsruhe werde »im allgemeinen als roter Senat bezeichnet, und zwar nicht nur aufgrund seiner roten

Roben, so dass in jedem Fall auszuschließen ist, dass er den Grundlagenvertrag für unvereinbar mit dem Grundgesetzt erklärt«. So der SPD-Fraktionschef gegenüber dem Staatsratsvorsitzenden der DDR.

FW Mit anderen Worten: Der Zweite Senat des Bundesverfassungsgerichts stand der SPD nah. Ein schönes Beispiel für die vermeintliche Überparteilichkeit des BVG. – Und welchen persönlichen Eindruck machte er auf dich?

EK Also, ich gebe zu, dass er mich mit der Offenheit beeindruckte, mit der er über seine eigene Vergangenheit sprach. Er war kein Renegat, kein Wendehals, wie wir sie nach 1990 selbst im Führungspersonal hierzulande erleben mussten … Wehner fragte beim Abendessen in die Runde, wo wir uns hier befinden. Das war natürlich nur eine rhetorische Frage, auf die er sich selbst die Antwort gab. Hier, in Pankow, habe er sich vor 1933 oft mit Teddy und Wilhelm getroffen, sagte er, womit er Thälmann und Pieck meinte. Er zeichnete beide in warmen Farben, da war er sehr souverän. Kein abfälliges Wort über die beiden KPD-Führer fiel. Und dann sagte er etwas, wovon ich meinte, dass er das nur auf sich bezog. Inzwischen weiß ich, dass das auch für uns alle gilt – bis zum heutigen Tage. »Wer einmal Kommunist war, den verfolgt die gesittete bürgerliche Gesellschaft bis zu seinem Lebensende.«

FW Das musst du mir nicht sagen. Ich war Anwalt. Aber wie kam er damit klar? Ich meine, der muss sich doch in dieser »gesitteten bürgerlichen Gesellschaft« mindestens fremd, wenn nicht gar verfolgt gefühlt haben.

EK Das hat er vermutlich auch. Neben mir saß bei diesem Abendessen Greta Burmester, sie war damals keine fünfzig. Bekanntlich hatte Wehner im schwedischen Exil Gretas Mutter geheiratet. Carl Burmester, ihren Vater, hatten 1934 die Nazis umgebracht. Seit ihr Stiefvater im Bundestag war, war sie seine Sekretärin und Haushälterin. Ich fragte sie, um mit ihr ins Gespräch zu kommen, ob denn Wehners Kraftfahrer und Personenschützer auch gut versorgt seien. Da schaute sie mich geradezu entrüstet an. Sie sei nicht nur Herberts Referentin, sondern auch seine Fahrerin. Und überdies sorge sie auch für seine Sicherheit. »Oder glauben Sie, dass sich Herbert von der Union einen Geheimdienstmann unterschieben lässt, der jeden seiner Schritte an die Opposition und die Presse gibt?!«

FW In den achtziger Jahren hat sie Wehner geheiratet und ihn bis zu seinem Tode gepflegt, in den neunziger Jahren übersiedelte sie von Bonn nach Dresden, wo sie noch reichlich zwanzig Jahre lebte.

EK Sie wird ihre Gründe gehabt haben, in den Osten zu ziehen, obgleich sie doch aus der Braunschweiger Gegend stammte. Viele Menschen zieht es im Alter dorthin zurück, wo sie Kindheit oder Jugend verbracht haben. Sieh mich an …

FW Lass mich noch einmal auf die unterschiedliche Entwicklung nach der von den Westmächten vollzogenen Spaltung zurückkommen. Die Bundesrepublik legte von Anbeginn Wert darauf, Nachfolger des Deutschen und damit letztlich des »Dritten Reiches« zu sein. Wir hingegen legten Wert darauf, mit dieser

Vergangenheit nichts zu tun zu haben. Was einerseits stimmte, andererseits politisch unklug war, wie ich heute meine. Daraus folgte, dass die BRD Anspruch auf ganz Deutschland erhob, wir gaben uns mit unserem Teil vorerst zufrieden. Die BRD erkannte die DDR nicht an – die DDR die BRD schon, auch wenn sie grundsätzlich nur als »Westdeutschland« bezeichnet wurde. Sie war nun einmal Realität. Wir hielten aber an der »Wiedervereinigung« fest, deshalb stand in jedem Schulatlas in der Deutschlandkarte: Deutsche Demokratische Republik und Westdeutschland.
Kanzler Adenauer erklärte im September 1955, dass die Bundesrepublik ganz Deutschland völkerrechtlich vertreten werde. Das war die Hallstein-Doktrin.

EK Der Alleinvertretungsanspruch, verbunden mit der Androhung von Sanktionen gegenüber Drittstaaten, wenn diese die DDR anerkannten, hatte ein Vorbild. Die USA weigerten sich bekanntlich, sowohl die Sowjetunion als auch die Volksrepublik China sowie Nordkorea und Vietnam anzuerkennen, weil ihnen die politische Ausrichtung nicht passte: Es war schließlich der antikapitalistische Gesellschaftsentwurf, der das eigene System zumindest perspektivisch infrage stellte. Zur Sowjetunion nahmen die USA erst 1933 diplomatische Beziehungen auf, zu China 1971, zu Vietnam 1995. Mit Nordkorea gibt es seit 1953 ein Waffenstillstandsabkommen, aber keinen Friedensvertrag und darum auch keinen Austausch von Botschaften ...
Es war ja nicht nur der angemaßte Alleinvertretungsanspruch, mit dem die DDR aus der Wirklichkeit und damit aus der deutschen Geschichte gedrängt werden sollte. Im Kalten Krieg schossen sie aus allen Rohren:

politisch, propagandistisch, besonders aber bei der Wirtschaft und auch militärisch. Die Rüstung und die Grenzsicherung verschlangen Unsummen, die uns fehlten beim Aufbau und der Entwicklung einer gesellschaftlichen Infrastruktur, die die Bezeichnung »Sozialismus« verdiente.

FW Zu einem Krieg gehören immer mindestens zwei Seiten. Wir haben denen ja auch nichts geschenkt und handelten mitunter nach dem Prinzip: Auf einen groben Klotz gehört ein grober Keil.

EK Du hast mir mal erzählt, welche Blüten der Alleinvertretungsanspruch in den fünfziger und sechziger Jahren etwa im Alltag der Justiz trieb.

FW Was meinst du?

EK Die Sache mit der Geschäftspost.

FW Ach so. Es blieb ja nicht aus, dass Gerichte und Staatsanwaltschaften in beiden Staaten miteinander kommunizierten. Nach dem Mauerbau 1961 ging das natürlich zurück, und nach dem Grundlagenvertrag entwickelte es sich ganz, ganz langsam wieder, es gab aber zwischen den beiden deutschen Staaten keinen Vertrag über Rechts- und Amtshilfe. Damals, 1978, hatte es eine Große Anfrage der Union an die SPD-geführte Bundesregierung gegeben. Die oppositionellen Konservativen fragten nach den Folgeverträgen des Grundlagenvertrages. Zum Punkt 4 »Rechtsverkehr« hatte die SPD/FDP-Bundesregierung geantwortet: »In der DDR blieben jahrelang viele Rechtshilfeersuchen aus der Bundesrepublik Deutschland unerledigt. Seit Abschluss der Verhandlungen über den Grundlagenvertrag, in dem beide Seiten ihre Bereitschaft zur Regelung des Rechtsverkehrs erklären, ist ein Fortschritt insoweit zu verzeichnen, als auf vertragloser Basis der wechselseitige Rechtshilfeverkehr wieder aufgenommen wurde. Die im August 1973 begonnenen Verhandlungen über den Abschluss von Vereinbarungen zum Rechtshilfeverkehr sind wegen der offenkundigen grundsätzlichen Unterschiede in den Rechtsordnungen in beiden deutschen Staaten sehr schwierig und bisher noch ohne vertragliche Ergebnisse.«

EK Auf diese »offenkundigen grundsätzlichen Unterschiede in den Rechtsordnungen in beiden deutschen Staaten« sollten wir zu sprechen kommen, Fritz.

FW Natürlich. Ich will aber noch die Sache mit der Geschäftspost ausführen. Es gab viele Anlässe, weshalb damals die Justizbehörden beider Staaten miteinander korrespondieren mussten. Für diesen Schriftverkehr gab es auf beiden Seiten strenge Vorschriften. Im Westen durften die Behörden bei den Anschriften nicht die offiziellen Bezeichnungen der DDR-Dienststellen benutzen – das wäre deren Anerkennung gleichgekommen. Das aber ließ der Alleinvertretungsanspruch nicht zu. Und wir mussten die Annahme von Behördenpost aus der BRD verweigern, wenn nicht die Adresse korrekt angegeben war. Weil das zu nichts führte, wurden dann Kompromisse gesucht und Vorschriften modifiziert, wir konnten schließlich nicht wie die Geheimdienste über »Tote Briefkästen« miteinander kommunizieren.

Weniger albern, und das fällt nun in die Kategorie »Grober Klotz und grober Keil«, waren unsere politischen Schauprozesse.

EK Entschuldige, wir haben diese Bezeichnung immer abgelehnt, das war ein Kampfbegriff der Westpropaganda.

FW Ja und nein. Für wen veranstalteten wir denn solche Gerichtsverfahren ohne physische Anwesenheit der Angeklagten? Natürlich doch für die Öffentlichkeit, um auf bestimmte Sachverhalte hinzuweisen. Und wir fällten damit auch ein politisch-moralisches Urteil, was üblicherweise nicht Aufgabe der Justiz ist. Aber natürlich orientierten wir uns dabei an strafrechtlichen Maßstäben und Prinzipien. Also Schauprozesse im Sinne von Aufklärung und gesellschaftlicher Ächtung. Das ist überhaupt nicht abwertend gemeint. Es war ein politisches Hilfsmittel im antifaschistischen Kampf der DDR gegen Nazis, die bei der Neuorganisation eines Teils Deutschlands – siehe Bundesverfassungsgericht – aktiv mitwirkten. Wir nannten das mit allem Recht Restauration der reaktionären Strukturen und Herrschaftsverhältnisse. Und die machten wir auch mit Verfahren wie denen gegen Oberländer und Globke deutlich.

EK Du verteidigst solche Verfahren auch heute noch?

FW Natürlich, aber ich würde sie heute nicht mehr führen wollen. Ich glaube, dass Tribunale dieser Art eher eine kontraproduktive Wirkung entfalten würden. Jede Zeit hat ihre Mittel. Der Faustkeil war in der Steinzeit eine wirksame Waffe: Er wird dennoch heute nicht mehr benutzt.

EK Was ist das denn für ein Vergleich?

FW Ja, Vergleiche hinken immer ... Also am 7. April 1960 ging mir der Beschluss des Obersten Gerichts zu, laut dem ich »in der Strafsache gegen Oberländer, Theodor, wegen Mordes dem Angeklagten als Pflichtverteidiger beigeordnet« sei. Gleichzeitig erhielt ich die Ladung zu der am 20. April 1960 beginnenden Hauptverhandlung. Dr. Theodor Oberländer gehörte seit sieben Jahren als Bundesminister dem Adenauer-Kabinett an, seit 1954 hieß das von ihm geführte Haus »Bundesministerium für Vertriebene, Flüchtlinge und Kriegsgeschädigte«. Oberländer hatte sich der CDU angeschlossen, nachdem er mit der von ihm geführten Partei »Gesamtdeutscher Block / Bund der Heimatvertriebenen und Entrechteten« (GB/BHE) 1953 mit 5,9 Prozent in den Bundestag eingezogen war.
Das Verfahren wurde, wie schon gesagt, in Abwesenheit des Angeklagten durchgeführt. Die Verteidigung eines Abwesenden, zu dem man nicht den geringsten Kontakt hatte, war eine ziemlich blöde Aufgabe, zumal klar war, dass die Strafe nur symbolischen Charakter besitzen würde. Und das Urteil würde nicht der konkreten Person gelten, sondern der BRD und ihrem politischem Führungspersonal in Gänze. Es wurde schließlich auch kein anderer Westdeutscher in der DDR als Kriegsverbrecher angeklagt. Das erfolgte in diesem Falle doch nur, weil Oberländer eine herausgehobene Funktion in diesem Staat hatte.
Die Zeit zwischen der Zustellung der Ladung und dem Beginn der Hauptverhandlung betrug elf statt der sonst üblichen fünf Tage. Die längere Vorbereitungszeit verdankten wir offenbar dem Umstand, dass wir als Verteidiger

wenigstens versuchen sollten, mit unserem Mandanten Verbindung aufzunehmen. Der Versuch scheiterte erwartungsgemäß. Mein Brief – und auch der meines Kollegen Rinck – kam, nachdem er geöffnet und erneut verschlossen worden war, mit dem handschriftlichen Vermerk auf dem Umschlag aus Bonn zurück: »Annahme nachträglich verweigert. Pförtner hat keine Vollmacht für Bundesminister für Vertriebene, Flüchtlinge und Kriegsgeschädigte.«

EK Also die gleichen Spielereien mit der grenzüberschreitenden Geschäftspost, worüber du schon gesprochen hast.

FW Genau. Elf Tage waren nicht eben viel für ein Verfahren mit drei Dutzend Zeugen, einem halben Dutzend Sachverständigen sowie vielen, vielen Akten. Aus der Fülle des von der Staatsanwaltschaft gesammelten Belastungsmaterials mussten wir versuchen, die vielleicht vorhandenen entlastenden Hinweise zu finden. Es war unser Ostereiersuchen. Die elf Tage Vorbereitungszeit gingen nämlich über die Osterfeiertage.

EK Was meinst du mit »entlastenden Hinweisen«? Ich weiß, ein Verteidiger verteidigt nicht die Tat, sondern den Täter. Aber wie kann man denn als überzeugter Sozialist einen Faschisten verteidigen?

FW Auch für mutmaßliche Kriegsverbrecher gilt zunächst die Unschuldsvermutung. Der Ankläger muss die Schuld beweisen – und der Verteidiger muss die vorgetragenen Argumente und Vorhaltungen prüfen und unter Umständen widerlegen oder zurückweisen.

dem Kräfteverhältnis und der Stromrichtung der Weltpolitik. Ihre Sache wird triumphieren.
Dr. K.

kriegsplänen der westdeutschen Militaristen Kenntnis, und man wird sich mehr und mehr dessen bewußt, daß der freche

Hans Seigewasser würdigte in seiner Festansprache den heldenhaften Widerstand der Völker Dänemarks und Norwegens gegen die faschistischen Eindringlinge und ehrte die Tausende Opfer die-

um 17 Uhr auf dem Hohenstaufenplatz im Bezirk Kreuzberg auf. Der Stellvertreter des Vorsitzenden des Ministerrats der DDR, Heinrich Rau, spricht zu dem Thema: „Was wird aus Westberlin?"

Bezirksvorstand des FDGB
A. Günther, Vorsitzender
Bezirksleitung der FDJ
Löhnert, 1. Sekretär

„Untersuchungsausschuß kommt nicht in Frage, und vom Mai an steht Ihnen ja die Pension zu, lieber Oberländer."
Zeichnung: Beier-Red.

Anklageschrift gegen Oberländer

50 Seiten mit Dokumenten und Zeugenaussagen dem Mörder von Lwow zugestellt

Berlin (ADN). Wie vom Obersten Gericht der Deutschen Demokratischen Republik mitgeteilt wird, ist Theodor Oberländer die Anklageschrift des Generalstaatsanwaltes der Deutschen Demokratischen Republik zugestellt worden. In der Anklageschrift, die auf 50 Seiten an Hand der Dokumente und Zeugenaussagen die einzelnen Verbrechen abhandelt, deren Oberländer beschuldigt wird, heißt es eingangs zusammenfassend:

Aggressionspolitik unterstützt

„Der Beschuldigte Oberländer hat maßgeblich die faschistische Aggressionspolitik zur Ausrottung und Versklavung der osteuropäischen Völker durch ideologische, psychologische, subversive und Pogromtätigkeit unterstützt und dadurch an der Vernichtung des Lebens zahlreicher Menschen mitgewirkt.

Unter dem Deckmantel wissenschaftlicher Forschungsarbeit im sogenannten „Institut für osteuropäische Wirtschaft" sowie als Landesleiter des ehemaligen „Volksbundes für das Deutschtum im Ausland" (VDA), als Bundesleiter des ehemaligen „Bundes deutscher Osten" (BDO) und als Gauamtsleiter der faschistischen Partei im damaligen Ostpreußen putschte Oberländer insbesondere seit Beginn der faschistischen Ära die in den osteuropäischen Nachbarstaaten lebenden Deutschen im Sinne des Faschismus auf. Er organisierte die im Ausland lebenden Deutschen zu politischen und subversiven Verbänden gegen souveräne Staaten und deren friedliebende Bevölkerung.

Als langjähriger Agent der Abteilung „Auslandsabwehr II" (Sabotage und Zersetzung) beim Oberkommando der Wehrmacht (OKW) wurde er zur Vorbereitung der militärischen Okkupation des „Sudetenlandes" sowie der Überfälle auf Polen und die UdSSR eingesetzt.

Seinen Plänen entsprechend, stellte Oberländer mit Billigung der faschistischen Führungsstellen und des OKW Anfang des Jahres 1941 militärisch getarnte Sabotage- und Terroreinheiten auf.

Gemeinsam mit dem berüchtigten faschistischen Rassenideologen Prof. Hans Koch organisierte Oberländer zunächst aus den Formationen des ukrainischen Terroristen und Chauvinisten Bandera das Bataillon „Nachtigall". Als militärischer Kommandeur drillte er dieses Bataillon im Sinne der faschistischen Ideologie zum Antikommunismus, Antisemitismus und Haß gegen die intellektuellen Schichten der osteuropäischen Völker.

An der Spitze der „Nachtigallen"

Seinen langjährigen Erfahrungen als Abwehroffizier in der Sabotageabteilung des OKW entsprechend schulte er das Bataillon „Nachtigall" zur Durchführung von Sabotage- und Zersetzungsarbeit, Pogromen und Morden.

An der Spitze des Mordbataillons „Nachtigall" fiel Oberländer in den Morgenstunden des 30. Juni 1941 in die sowjetische Universitätsstadt Lwow ein. Unter seiner Leitung begannen die Angehörigen des Bataillons „Nachtigall" mit Pogromen gegen die jüdische Bevölkerung und der systematischen Ausrottung der führenden Vertreter der Intelligenz dieser Stadt nach vorbereiteten Listen.

Kriegsgefangene erpreßt

In gleicher Richtung vollzog sich der Aufbau, die Ausbildung und der Einsatz des Bataillons „Bergmann" unter der politischen und militärischen Verantwortung Oberländers. Unter gröbster Verletzung der völkerrechtlichen Grundsätze und Bestimmungen erpreßte Oberländer die in unmenschlichen Verhältnissen in den faschistischen Gefangenenlagern lebenden Kriegsgefangenen zum bewaffneten Einsatz gegen die eigenen Truppen und Landsleute.

Nachdem er im Ausbildungslager Mittenwald die Erschießung von mindestens sieben Angehörigen des Bataillons und die Verschickung von etwa 50 weiteren Bataillonsangehörigen in die faschistischen Konzentrationslager veranlaßt hatte, führte er mit dem Bataillon „Bergmann" sogenannte Strafexpeditionen im Kaukasus durch. Dabei kam es im August 1942 zur Erschießung wahllos herausgegriffener Dorfbewohner. Zwei Personen wurden auf Veranlassung Oberländers ermordet, nur weil sie ehemals Mitarbeiter der Staatsanwaltschaft waren. (Verbrechen gemäß Paragraph 211, 48, 49 a, 49 b StGB.)"

Meldung auf der ersten Seite am 10. April 1960, als das *Neue Deutschland* noch am Sonntag erschien. Die Nachricht vom Oberländer-Prozess kam keineswegs zufällig zu diesem Datum: Fünfzehn Jahre zuvor, am 11. April 1945, hatten mutige KZ-Häftlinge das Lager Buchenwald befreit und geschworen: Nie wieder Faschismus!

Jeder Angeklagte muss vor Gericht gerecht behandelt werden, auch wenn er selbst nicht rechtens handelte. Ich weiß, das ist mitunter schwer und nur zu verstehen, wenn die Sachlage eindeutig ist.

EK Bei Gewalttätern ist das unerträglich, wenn es an der Schuld nichts zu deuteln gibt.

FW Genau da liegt das Problem. Ein Gericht darf weder nach Gefühlslage noch nach ideologischen Vorgaben oder aus politischem Zeitgeist urteilen. Das zu verhindern ist Aufgabe der Verteidigung. Deshalb habe ich seinerzeit Honecker vertreten, darum hast du juristischen Beistand gehabt. Honecker wäre gewiss nicht freigekommen und manche Strafe höher ausgefallen, wenn es keinen Verteidiger gegeben hätte.

EK Aber du gibst zu, dass die Wirkung zumindest im Falle der Politbüromitglieder begrenzt war.

FW Gewiss. Es waren schließlich politische Verfahren, was wir und viele andere Juristen immer wieder kritisiert haben. Darauf kommen wir vielleicht noch zu sprechen ... Zurück zum Oberländer-Verfahren. Ich entwarf ein Konzept, in dem das Wenige, was zur Verteidigung zu tun war, zwischen meinem Kollegen Dr. Gerhard Rinck aus Erfurt und mir verteilt war. Wir stellten aufgrund des Akteninhalts einen Beweisantrag zur Vernehmung von vier Zeugen. Das waren Westdeutsche, die unseren Mandanten in früheren Aussagen entlastet hatten, darunter war der Bankier und Mitbegründer der CDU im Rheinland, Robert Pferdmenges. Ganz wohl war uns dabei nicht, da wir aber zu zweit waren, konnten wir uns gegenseitig Mut zusprechen. Rückblickend kann ich feststellen, dass kein Mut erforderlich war. Doch vorher weiß man das nie.
Ähnlich ging es uns bei einem weiteren Antrag, den wir einen Tag später stellten. Wir erklärten, dass das Oberste Gericht, weil die Taten im Ausland begangen worden waren, nicht zuständig sei. Im Übrigen könnte nicht nach dem Strafrecht der DDR geurteilt werden. Das galt ja nicht, als Oberländer die ihm vorgeworfenen Taten beging. Ich sage nur Rückwirkungsverbot! Und schließlich genösse der Angeklagte als Abgeordneter des Bundestages Immunität.
Wir hätten das alles auch in der Hauptverhandlung vorbringen können. Das wäre für die Verteidigung wirkungsvoller gewesen. Die größere Wirkung erhöhte andererseits unser Risiko. Wir entschieden uns für weniger Wirkung und weniger Risiko.

EK Lass mich raten: Die Anträge wurden abgelehnt.

FW Natürlich. Das Immunitätsargument konnte der Senat nur mit rein politischer Begründung zurückweisen. Was er auch tat. Im Urteil hieß es dazu: »Niemand kann sich auf seine parlamentarische Immunität als Abgeordneter berufen, gegen den – gestützt auf hinreichende Verdachtsgründe – der Vorwurf solch schwerer Verbrechen gegen den Frieden und die Menschlichkeit erhoben wird, wie sie den Gegenstand der Anklage bilden.«
Das Plädoyer hatten wir uns geteilt. Zuerst plädierte ich zu den Rechtsfragen, dann Gerhard Rinck zur Strafzumessung. Ich führte aus, dass der Angeklagte hinsichtlich einiger Vorwürfe nicht schuldig sei, widersprach aber nach der Beweislage der Verurteilung in zwei Komplexen nicht.
Am 29. April 1960 wurde Oberländer wegen der Erschießung von mehreren tausend Juden und Polen in Lemberg – heute Lviv/Ukraine – zu lebenslänglichem Zuchthaus verurteilt. In seiner Eigenschaft als Ukraine-Referent des Oberkommandos der Wehrmacht war Hauptmann Oberländer Berater des Führers einer deutsch-ukrainischen Freiwilligeneinheit, dem berüchtigten »Bataillon Nachtigall«, später gehörte er auch dem deutsch-kaukasischen »Sonderverband Bergmann« an.
Das »Bataillon Nachtigall« war 1941 am Massaker an den Lemberger Professoren erheblich beteiligt, der »Sonderverband Bergmann« unter anderem in der »Partisanenbekämpfung« eingesetzt.
Ein *Spiegel*-Redakteur, dessen unleserlichen Namen ich nicht entziffern konnte, schrieb mir drei Tage später:

»In der neuesten Ausgabe des *Spiegel* (Nr. 19/1960) wird in einem Bericht über das Verfahren gegen den Bundesminister Oberländer vor dem Obersten Gericht der Deutschen Demokratischen Republik der Verteidigung zugeschrieben, sie habe wörtlich im Plädoyer gesagt, Oberländer sei ein ›ungeheuer agiler und geltungsbedürftiger Mitläufer‹ gewesen (Seite 24, 3. Spalte). Mir ist daran gelegen, Sie wissen zu lassen, dass dieser Fehler im Beitrag nicht zu Lasten des Berichterstatters geht, sondern während der redaktionellen Bearbeitung entstanden ist.«
Ich hatte den *Spiegel*-Beitrag nicht gelesen. Die offenherzige Mitteilung des Journalisten und seine Entschuldigung beeindruckten mich. Ich hatte in der Tat Oberländer nicht als einen »ungeheuer agilen und geltungsbedürftigen Mitläufer« bezeichnet, weil dies eine sehr schmeichelhafte Untertreibung seiner nationalsozialistischen Überzeugung und der daraus resultierenden Verbrechen gewesen wäre. Aber genau das schien der Verantwortliche in der Hamburger Redaktion, der den Korrespondentenbericht damit sinnwidrig redigiert hatte, beabsichtigt zu haben: verharmlosen und bagatellisieren. Aber diese journalistische Methode wird ja wohl bis heute praktiziert.

EK Lieber Fritz: Ich kann dir versichern – mir wurden schon ganz andere Zitate, die ich nicht gebraucht hatte, in den Mund gelegt. Entschuldigt hat sich bei mir nie ein Journalist. Doch, einer, Reginald Rudorf in seinem Buch »Krenzfälle. Die Grenzen der Justiz«. Darauf werde ich noch einmal eingehen. War die Oberländer-Sache damit durch?

FW Keineswegs. Obgleich die Bonner Staatsanwaltschaft nach Jahresfrist befand, dass es für die Anschuldigungen »keinerlei Basis« gebe, trat Oberländer am 5. Mai 1960 als Bundesminister zurück. (Übrigens, in diesem Kontext schreibt die Internet-Enzyklopädie *Wikipedia*: »Sein Verteidiger Friedrich Wolff gab erfolglos zu bedenken, Oberländer sei lediglich ein ›ungeheuer agiler und geltungsbedürftiger Mitläufer‹ gewesen und ›habe das Rechtswidrige seines Tuns nicht zu erkennen brauchen‹.« Angegebene Quelle: *Der Spiegel* Nr. 19, 1960 …)

EK Womit man sieht: Ist der Unsinn erst einmal in der Welt, kriegst du ihn nie wieder gelöscht. Klaus Eichler, einst Chef des FDJ-Reisebüros »Jugendtourist« und letzter DTSB-Präsident, starb laut *Wikipedia* am 24. Januar 1994 bei einem Flugzeugabsturz über dem Bodensee. Obgleich das *Neue Deutschland* am 3. Februar 1994 diese Zeitungsente dementierte, ist Eichler laut *Wikipedia* seit nunmehr fast drei Jahrzehnten tot – obwohl wir uns nach wie vor regelmäßig bei guter Gesundheit treffen.

FW Am 5. April 1990, also dreißig Jahre später, nach jenem Oberländer-Verfahren, ließ mich Rechtsanwaltskollege Wolfgang Vogel wissen, dass der inzwischen 85-jährige Prof. Dr. Dr. Theodor Oberländer ihn gebeten habe, mich als seinen damaligen Verteidiger zu beauftragen, die Kassation des Urteils des Obersten Gerichts der DDR anzuregen. Dies tat ich, nachdem ich mich vergeblich um Akteneinsicht bemüht hatte, am 31. Juli 1990.
Nach dem 3. Oktober 1990 wurde für den Mandanten auch Rechtsanwalt Dr. Truckenbrodt tätig. Theodor

Oberländer wurde am 24. November 1993 vom Landgericht Berlin rehabilitiert. Ohne Prüfung der Vorwürfe der Anklage wurde aus formalen Gründen das Urteil aufgehoben, »weil die Hauptverhandlung rechtswidrig in Abwesenheit des Betroffenen durchgeführt wurde«. Oberländer starb am 4. Mai 1998.

EK Der Historiker Götz Aly nannte Oberländer 1993, als er rehabilitiert wurde, einen »Vordenker der Vernichtung«.

FW Was er ganz gewiss war. Im Jahr 2000 erschien in Frankfurt am Main ein Buch unter dem Titel »Der Fall Oberländer (1905–1998). Ein Lehrstück deutscher Geschichte«. Otto Köhler rezensierte die Arbeit von Philipp Christian Wachs und meinte im *Deutschlandfunk:* Die DDR hatte »einigen Anlass, eine Kampagne gegen den Bonner Vertriebenenminister zu führen, den Adenauer selbst für tiefbraun hielt und der es als sein Lebensziel betrachtete, den Kommunismus zu vernichten«.
Noch in den neunziger Jahren hatte Oberländer dem Autor Wachs bedauernd mitgeteilt, dass er sich als Minister um ein Verbot der Vereinigung der Verfolgten des Naziregimes (VVN) bemüht habe, aber beim Bundesverwaltungsgericht mit diesem Ansinnen gescheitert sei. Und das schrieb einer, der vor siebzig Jahren bei Hitlers Putschversuch 1923 in München dabei war! Aber natürlich, Oberländer habe sich »eher zufällig in den hinteren Reihen des Marsches auf die Feldherrnhalle wiedergefunden«. Rezensent Köhler an anderer Stelle: »Oberländer stellte sich 1945 sofort in den Dienst des US-Geheimdienstes CIC gegen den alten

roten Feind. Wachs muss feststellen: ›Große Teile des Oberländer-Dossiers sind bis heute aus Gründen der Nationalen Sicherheit der USA gesperrt.‹«

EK Es ist immer wieder das Gleiche. Wir bekommen am Ende Recht, weil wir richtig lagen. Aber die anderen gewinnen.

FW Vorerst, Egon, vorerst. Die Mühlen der Gerechtigkeit mahlen langsam und die Geschichte bewegt sich meist langsamer als eine Schnecke.

EK Zwei Jahre nach Oberländer hast du wieder eine Pflichtverteidigung übernehmen und erneut einen abwesenden Angeklagten verteidigen müssen: Hans Globke, Chef des Bundeskanzleramtes, die »Graue Eminenz« in Bonn, Adenauers Intimus, verantwortlich neben anderem für Einrichtung und Kontrolle von Bundesnachrichtendienst und Verfassungsschutz.

FW Der Generalstaatsanwalt der DDR klagte Globke an, »in Berlin und an anderen Orten von November 1932 bis zur Zerschlagung der faschistischen Gewaltherrschaft im Jahre 1945 gemeinschaftlich handelnd Verbrechen gegen die Menschlichkeit und Kriegsverbrechen begangen zu haben«. Insbesondere warf man ihm vor, an der Ausarbeitung der Nürnberger Rassengesetze und einer Vielzahl anderer Gesetze mit rassistischem Inhalt beteiligt gewesen zu sein. Globke hatte von 1935 bis 1938 als Referent im Preußischen Innenministerium und danach bis Kriegsende als Oberregierungs- und Ministerialrat im Reichsministerium des Innern an diesen Gesetzen gearbeitet. Globke hatte dadurch

»maßgeblich«, so hieß es im Eröffnungsbeschluss, »an der systematischen Aussonderung und Registrierung der jüdischen Bürger in Deutschland mit dem Ziel ihrer Terrorisierung und physischen Vernichtung mitgewirkt«.

EK Globke war der klassische Schreibtischtäter im Nazireich. Und nun stand sein Schreibtisch im Bundeskanzleramt. Wir sind uns einig: Die bundesdeutsche Weste war nie sauber – aber dieser Fleck besonders groß und besonders kräftig. Aber wie wollten wir ihm juristisch beikommen?

FW Die Anklage und der Eröffnungsbeschluss stützte sich auf Artikel 6 des Londoner Statuts für das Internationale Militärtribunal in Verbindung mit Artikel 5 Abs. 1 der Verfassung der DDR.

EK Die Verfassung der DDR galt nicht für den Bundesbürger Globke. Wir maßten uns keinen Alleinvertretungsanspruch für alle Deutschen an.

FW Deshalb hieß es ja auch »in Verbindung« mit Artikel 5 Abs. 1 der DDR-Verfassung. Das war die Verfassung, die am 7. Oktober 1949 in Kraft gesetzt worden war. Und jener Absatz lautete: »Die allgemein anerkannten Regeln des Völkerrechts binden die Staatsgewalt und jeden Bürger.« Und Globke war eben auch »jeder Bürger«, und für die beiden deutschen Staaten galt das Völkerrecht gleichermaßen. Die DDR unterwarf sich ihm in seiner Verfassung ausdrücklich. Das sollte man ruhig auch im Zusammenhang mit der verlogenen Behauptung vom »Unrechtsstaat DDR« sehen.

EK Wo du jetzt den Verfassungsauftrag erwähnst: In der 68er Verfassung, die – nebenbei bemerkt – die einzige Verfassung in der gesamten deutschen Geschichte war, die mit einem Volksentscheid angenommen wurde, fand sich, wie ich mich erinnere, in Artikel 8 dieser Bezug. »1. Die allgemein anerkannten, dem Frieden und der friedlichen Zusammenarbeit der Völker dienenden Regeln des Völkerrechts sind für die Staatsmacht und jeden Bürger verbindlich. 2. Die Deutsche Demokratische Republik wird niemals einen Eroberungskrieg unternehmen oder ihre Streitkräfte gegen die Freiheit eines anderen Volkes einsetzen.« Das war klar und unmissverständlich. Wir haben uns bis zum Ende der DDR daran gehalten.

FW Daran kann man ruhig einmal die Linken erinnern, die die pazifistischen Wurzeln der Partei kappen wollen und Auslandseinsätze der Bundeswehr unter bestimmten Bedingungen befürworten!

EK Wie lief das Globke-Verfahren?

FW Ich agierte mit etwas mehr Routine als im Oberländer-Prozess, aber keinesfalls erfolgreicher. An Stichworten, die ich mir für mein Plädoyer notiert hatte, sah ich später, als ich an meinen Memoiren arbeitete, dass dieses Verfahren im Zeichen der »Vergangenheitsbewältigung« stand. So hieß es auf meinen Zetteln. Ich glaubte bis vor kurzem noch, dass dieser Terminus erst nach 1990 geboren worden sei. Es war aber alles schon einmal da, nur eben ganz anders.

EK Ich glaube, dafür benutzte man nach 1990 vorzugsweise die Vokabel »Aufarbeitung«.

FW Stimmt, ich erinnere mich. Und jetzt arbeiten wir also die »Aufarbeitung« auf. Wird auch langsam Zeit … Wie in fast allen Verfahren, in denen ich nachweisliche Nazi-Verbrecher verteidigte, hielt ich es für erforderlich, einige Worte zur Verteidigung der Verteidiger, insbesondere zu ihrer gesinnungsmäßigen Abgrenzung zu ihrem Mandanten, zu sagen. Es gab nicht wenige Menschen im Publikum und auch außerhalb des Gerichtssaales, die glaubten, dass der Verteidiger nicht der juristische Beistand des Angeklagten, sondern dessen Gesinnungsbruder war. Weil ja »normale Menschen« mit solchen Typen nichts am Hut haben. Nach einigen Ausführungen über die Ethik des Verteidigers erklärte ich: »So werden wir verteidigen und nur verteidigen. Als Gegner des Faschismus und im Bewusstsein, dadurch unseren Beitrag für ein gerechtes Urteil und damit gegen das Wiedererstehen der Mächte des Unrechts in jeder Form zu leisten.«
Das Urteil wurde am 23. Juli 1963 gesprochen: Globke erhielt eine lebenslängliche Zuchthausstrafe. Ein Vierteljahr später trat er zurück, bekam das Großkreuz des Verdienstordens der Bundesrepublik Deutschland verliehen und wollte als Pensionär in die Schweiz übersiedeln. Seine Frau hatte in den fünfziger Jahren eine Immobilie am Genfersee im Kanton Waadt erworben. Das Kantons-Parlament erklärte allerdings, nachdem Globkes Absicht dort bekannt geworden war, dass es dem ehemaligen BRD-Minister keine Aufenthaltsgenehmigung erteilen werde, was der Schweizer Bundespräsident mit sichtlicher Erleichterung quittierte.

Dadurch bleibe es der Schweizer Regierung erspart, eine Einreisesperre zu erlassen, sagte er.
Das zeigte doch sehr deutlich, wie im Ausland Globke beurteilt wurde – und wie richtig die DDR bei der Beurteilung von Stützen des westdeutschen Staates lag. Das war nicht Propaganda, wie bis heute behauptet wird, sondern eine prinzipielle politische Auseinandersetzung mit der faschistischen Diktatur und ihren Protagonisten. Eben Aufarbeitung.

EK Albert Norden, der Rabbinersohn im Politbüro, organisierte damals maßgeblich die Auseinandersetzung und Entlarvung ehemaliger Nazis in der Bundesrepublik, die wieder zu höchsten Ehren im Adenauer-Staat gekommen waren. Er leitete eine Kommission, die alle Maßnahmen und Vorgänge in der DDR zur Aufarbeitung von Kriegs- und Naziverbrechen koordinierte. 1965 erschien in 1. Auflage das »Braunbuch« mit über 1800 Namen und Kurzbiografien.

FW Die juristischen Verfahren gegen Oberländer und Globke standen in diesem Zusammenhang. Ebenso wie die Bestrebungen der Bundesrepublik, solche Untersuchungen zu diffamieren, zu kriminalisieren, sie überhaupt zu verhindern.

EK Darauf will ich ja hinaus. Das »Braunbuch« wurde in der Bundesrepublik indiziert und auf der Frankfurter Buchmesse und in Buchhandlungen beschlagnahmt. Oder: Deinem Kollegen Friedrich Karl Kaul, der als Beobachter zum Eichmann-Prozess nach Israel gereist war, wurden dort im Hotel die Unterlagen geklaut. Bonn setzte alles daran, dass die Verbindung zwischen Nazi-

IM NAMEN DES VOLKES

Das Urteil gegen Adenauers Staatssekretär Dr. Hans Josef Maria Globke ist gefällt. Der Urteilsspruch des Obersten Gerichts der Deutschen Demokratischen Republik – verkündet im Namen des Volkes – lautet auf lebenslanges Zuchthaus. Der Angeklagte Globke hat in den Jahren 1933 bis 1945 schwere Verbrechen gegen die Menschlichkeit, Kriegsverbrechen und Verbrechen des Mordes begangen. In diesem Prozeß hat das Oberste Gericht der Deutschen Demokratischen Republik in umfassender Beweisaufnahme diese Verbrechen öffentlich festgestellt. Damit hat das oberste Organ der Rechtsprechung der DDR eine Verpflichtung erfüllt, die sich für den ersten deutschen Arbeiter-und-Bauern-Staat aus der deutschen Geschichte, aus dem Völkerrecht und aus den nationalen Interessen des deutschen Volkes ergibt. Die Urteilsbegründung währte etwa 10 Stunden. Wir geben sie nachstehend in Auszügen wieder. In der Urteilsbegründung wurde juristisch umfassend nachgewiesen: Globke ist schuldig!

SCHULDIG

„Gleichschaltung"

Namensänderungen

„Führerprinzip"

Antijudengesetze

REVUE

Adenauer deckt:

1951 Globke Der einflußreichste Beamte der Bundesrepublik ist der Chef des Bundeskanzleramtes Dr. Hans Globke. Durch seine Hände geht, was vom Kanzler kommt, und was für den Kanzler bestimmt ist: Personalakten, Nachrichten der Geheimdienste, Gesetzentwürfe. Einst katholischer Couleurstudent, hat Globke im Hitlerstaat die schändlichen Nürnberger Rassegesetze für die Rechtsprechung erläutert. Demokratische Proteste beantwortete Adenauer schon 1951 mit einer Ehrenerklärung für Globke und – mit dessen Beförderung vom Ministerialdirektor zum Staatssekretär.

Schon vor Jahren mußte sich auch die westdeutsche Presse mit der Enthüllung Globkes und seiner Rolle als Graue Eminenz des Bonner Staates beschäftigen

Isolierung

Scheinlegalität

SCHULDIG

„Endlösung"

SCHULDIG

Germanisierung

Terror

Hitlerexperte

Hauptbeteiligter

Am 23. Juli 1963 wurde in Berlin das Urteil über Globke gesprochen, über den die Geschichte schon längst gerichtet hatte. Zwei Jahre zuvor hatte das östliche Bündnis, der Warschauer Vertrag, für Klarheit gesorgt: Es nahm seine Westgrenze unter Kontrolle, in Berlin trennte nunmehr sichtbar eine Mauer die beiden Welten. Die Möglichkeit, dass die deutsche Frage mit einer »innerdeutschen Polizeiaktion« beantwortet würde, war damit verbaut.

Tätern wie Globke und Eichmann nicht publik wurde. Bekanntlich wusste die Bundesregierung, insbesondere Geheimdienstkoordinator Globke, seit Jahren, wo sich der geflohene Eichmann in Argentinien aufhielt. Sie zeigte aber keinerlei Interesse an seiner Auslieferung. Der hessische Generalstaatsanwalt Fritz Bauer handelte eigenmächtig. Er gab dem israelischen Geheimdienst einen Tipp. Eichmann wurde vom Mossad entführt und nach Israel ausgeflogen. Bei der Prozessvorbereitung stimmte inoffiziell eine interministerielle Arbeitsgruppe in Bonn die westdeutschen Interessen bezüglich der Anklage und der Prozessführung mit der israelischen Regierung ab. Man wollte alles unter Kontrolle haben und das Belastende unter der Decke halten.

FW Und wo hat man FKK beklaut? Ich weiß das schon gar nicht mehr. Vielleicht habe ich es auch nur wieder vergessen. Liegt ja bereits sechzig Jahre zurück.

EK Kaul wohnte während des Prozesses im King David Hotel in Jerusalem. Die Nazis hatten ihn als Sohn einer jüdischen Mutter mit Berufsverbot belegt, dann in Konzentrationslager gesteckt und außer Landes getrieben. Wie du trat er 1945, nach seiner Rückkehr, in die KPD ein. Im Verbotsverfahren vor dem Bundesverfassungsgericht war er Hauptprozessbevollmächtigter der KPD. Als Strafverteidiger verteidigte er westdeutsche Antifaschisten aus der KPD, der FDJ, der VVN, und als Nebenkläger vertrat er in verschiedenen Auschwitzprozessen die Interessen von in der DDR lebenden Opfern.

FW Na klar, den hatten sie in Bonn schon lange auf dem Zettel. Er war für die Bundesregierung ein rotes Tuch.

EK Offenkundig fürchtete Bonn Kauls Auftritt beim Eichmann-Prozess. Das internationale Interesse war groß – allein die Live-Bilder aus dem Gerichtssaal wurden in fast vierzig Länder übertragen. Wenn Kaul eine Chance bekommen würde, diese Bühne zur Verbreitung der Positionen der DDR zu nutzen, würde der das auch tun.

FW Klar, das war ein ausgeschlafener Bursche. Das wussten sie. Also musste man ihn entwaffnen.

EK Darum schickte Bonn, wie der *Spiegel* im September 2010 verriet, Rolf Vogel nach Jerusalem, um Kaul zu kontrollieren und auszuschalten. Man war davon überzeugt, dass Kaul Dokumente und Belege bei sich haben würde, um seine Thesen zu belegen.

FW Wir haben immer mit hieb- und stichfesten Beweisen gearbeitet, nie bloß behauptet oder ins Blaue geschossen. Und wer war nun Rolf Vogel?

EK Ein Reserveoffizier der Bundeswehr, geschult in psychologischer Kriegführung. Er »galt in Bonn als Mann des BND und zählte zu den Vertrauten des Kanzlers«, schrieb also fünfzig Jahre später der *Spiegel*. »Für das Eichmann-Verfahren ließ er sich von seinem aktuellen Posten im Verbindungsbüro der Europäischen Gemeinschaften (EG) in Bonn entbinden. In Jerusalem firmierte er offiziell als Journalist und schrieb für die ›Deutsche Zeitung‹. Insgeheim hatte er jedoch den Auftrag, ›das Bundeskanzleramt ständig auf dem Laufenden zu halten‹, wie es in den Akten vermerkt wurde. Dafür wurde er auch bezahlt. Mehrfach berichtete Vogel direkt an Adenauer.«

Und das Hamburger Nachrichtenmagazin vom 2. September 2010 weiter: »Der Diebstahl erfolgte am Abend des 29. Juni 1961 in Kauls Zimmer im King David Hotel in Jerusalem. Vogels Begleiter war Frank Lynder, Reporter bei der ›Bild‹-Zeitung und nach Angaben des Auswärtigen Amtes während des Zweiten Weltkrieges Mitarbeiter des britischen Geheimdienstes.« Und überdies Schwager von Axel Springer …
Die Kaul geklauten Dokumente wurden umgehend »als versiegeltes Kuriergepäck« nach München geflogen und »beim BND« in Pullach abgegeben. Versiegeltes Kuriergepäck wird weder bei der Ausfuhr noch bei der Einfuhr kontrolliert.

FW Ja, ich erinnere mich dunkel. Es war damals eine verrückte Zeit kurz vorm Mauerbau, da passierte ja ständig etwas. Und es gab kaum eine Schweinerei, bei der nicht die Geheimdienste ihre Finger drin hatten.

EK Meinst du, das ist heute anders? Jeder Umsturz, jeder Regimewechsel, jeder Massenprotest wird initiiert, unterstützt oder gesteuert von Geheimdiensten, deren Auftraggeber eine politische Veränderung in ihrem Sinne wünschen: also altes Regime wegputschen oder wegdemonstrieren und ein willfähriges neues Regime etablieren. So läuft das schon seit Jahrzehnten.
Aber lass uns zur Juristerei zurückkehren. Du hast wiederholt angedeutet, dass die Rechtsprechung stets an die gesellschaftlichen Verhältnisse gekoppelt ist. Woraus ich schließe, dass es kein Recht gibt, das jenseits und unabhängig von der jeweils herrschenden Klasse existiert.

Für fast jedes Thema hat Egon Krenz das passende Papier aus seinem Archiv dabei, aus dem er zitiert

FW Egon, du erwartest doch jetzt keinen Nachhilfekurs?! Außerdem hattest du, wenngleich keineswegs freiwillig, in den vergangenen dreißig Jahren oft genug selbst Erfahrungen mit der bundesdeutschen Rechtsprechung machen müssen, weshalb ich mir wohl einen Exkurs sparen kann. Zumal ich unter deinen vielen Freunden, wie ich weiß, nicht der einzige Jurist bin.

EK Da hast du recht. Ich habe in meinem bundesdeutschen Leben oft mit Anwälten und Gerichten zu tun gehabt. Keineswegs freiwillig. Und natürlich hatte ich auch schon zu DDR-Zeiten mit Juristen zu tun, allerdings unter ganz anderen Umständen. Du weißt ja, dass ich seinerzeit von Erich Honecker beauftragt worden war, 1986/87 die Justizreform auf den Weg zu bringen. Dabei entwickelten sich mitunter intensive Beziehungen, die den Charakter von Freundschaften erhielten.

FW Klar, die Beziehungen zwischen Anwalt und Mandant sind zunächst – also in der gegenwärtigen Gesellschaft – geschäftlicher Natur. Du kaufst quasi eine Dienstleistung ein. Die fast 170 000 Anwälte müssen schließlich leben. Sie können ja nicht alle im Bundestag sitzen.

EK Unter den 709 Abgeordneten sollen 152 Juristen sein – mit mehr als zwanzig Prozent ist diese Berufsgruppe im Parlament deutlich überrepräsentiert. Allein diese Tatsache widerlegt die kühne These, der Deutsche Bundestag liefere ein gesellschaftliches Abbild.

FW Du darfst nicht die Juristen vergessen, die extern für Bundesministerien und -behörden tätig sind. Und in jedem Jahr wächst die Zahl der in Deutschland tätigen Juristen um etwa dreitausend Anwälte, Richter, Staatsanwälte, Justitiare …

EK Klassische Überproduktion.

FW So kann man das auch nennen. Das erklärt auch die Überlastung der Gerichte. Das Problem und seine Weiterungen beklagte bereits 1989 – also vor der »Wiedervereinigung« – Prof. Horst Sendler in einem Vortrag vor Rechtsanwälten. Sendler war da bereits seit neun Jahren Präsident des Bundesverwaltungsgerichts. »Ich habe schon manchen kaum glaublichen Anwaltsschriftsatz gelesen und manch kümmerliches, von Kenntnis ungetrübtes Plädoyer gehört. Rechtsanwälte in nicht unbeträchtlicher Zahl waren und sind es wohl immer noch, die sich vor den Karren von Schlepperorganisationen für Wirtschaftsflüchtlinge spannen ließen oder gar dahinter standen und mit unseriösen Mitteln deren dunkle Geschäfte unterstützten. Rechtsanwälte betrieben und betreiben das unwürdige Hickhack um die Kennzeichenanzeigen und die Haftung der Halter von Kraftfahrzeugen in dem wohl sicheren Wissen, dass sie den Betroffenen mit Lügen aus der Patsche helfen, mit solchen Mitteln die Gerichte an der Nase herumführen und – schlimmer noch – den Rechtsstaat ›vorführen‹ und blamieren in einer Weise, die man sonst nur von Systemverächtern kennt. Kann ein Bürger für einen Rechtsstaat, der so mit sich durch Organe der Rechtspflege, wie sie ja immer noch heißen, spielen lässt und für Rechtsvertreter, die so mit ihm spielen, viel mehr als Naserümpfen oder gar Verachtung übrig haben?« So der 2006 verstorbene Sendler vor mehr als dreißig Jahren!

EK Naserümpfen, Verachtung? Mir scheint, dass die Distanz zwischen den Bürgern und den Organen der Rechtspflege nicht nur größer geworden ist, sondern sich auf fast alle gesellschaftliche Bereiche erstreckt. Das zeigen doch nicht erst die Massenreflexe auf die Pandemie-Maßnahmen.

FW Wann hast du deine ersten Erfahrungen mit dem bürgerlichen Rechtsstaat gemacht? Und wie sahen die aus?

Auch Fritz Wolff findet stets das treffende Zitat an der richtigen Stelle

EK Mich begrüßte die bundesdeutsche Justiz 1990 mit 22 Ermittlungsverfahren. Auch wenn die meisten davon eingestellt werden mussten, bleibt meine Grunderfahrung: Der Rechtsstaat ist sehr, sehr teuer.
Ich will jedoch noch einmal auf die antifaschistische Haltung der DDR-Justiz zurückkommen. Die hat auch eine Vorgeschichte. Schon 1941 hatten sich Vertreter der von Hitlerdeutschland okkupierten Länder auf einer Konferenz darauf verständigt, die Kriegsverbrechen und die Täter zu bestrafen. Diese Forderung haben die Großen Drei – Roosevelt, Stalin, Churchill – bei ihrem Treffen in Teheran 1943 aufgenommen und nach dem 8. Mai 1945 umgesetzt. In den Besatzungszonen

urteilten Militärtribunale. Schätzungen gehen von fünfzig- bis sechzigtausend Personen aus, die von den Siegermächten wegen Nazi-Verbrechen verurteilt wurden. Es gab ferner, wie wir wissen, das Internationale Militärtribunal (IMT) in Nürnberg, das über die Hauptschuldigen zu Gericht saß.

FW Ja, die dort gesetzten Maßstäbe und Kriterien sollten dann verbindlich für die Rechtsnormen deutscher Ermittlungs- und Justizbehörden werden.

EK Was sie aber nicht überall wurden. Schließlich hatte das neben der juristischen auch eine politische Seite.

FW In der sowjetisch besetzten Zone wurden umgehend antifaschistische Ermittlungs- und Justizorgane gebildet. Sie begannen mit der systematischen Aufdeckung und Aufklärung faschistischer Verbrechen und deren strafrechtlicher Verfolgung. In der SBZ und später in der DDR wurden zwischen 1945 und 1990 rund siebzehntausend Ermittlungs- und Strafverfahren wegen Nazi-Verbrechen und Verbrechen gegen die Menschlichkeit geführt, knapp dreizehntausend Täter wurden rechtskräftig verurteilt. Das waren mehr als doppelt so viele wie in den Westzonen und der späteren Bundesrepublik in der gleichen Zeit.

EK Und das, obgleich doch im Westen mehr als drei Mal so viele Menschen lebten wie im Osten. Folglich – nach allen Regeln der Logik und der Wahrscheinlichkeit – auch mehr Belastete als im Osten.

FW Davon sollte man ausgehen. Es ist doch ein Köhlerglaube zu meinen: Weil zwischen 1945 und 1990 keine siebentausend Angeklagten im Westen verurteilt wurden, sei dies Ausdruck von Rechtsstaatlichkeit gewesen, während man im Osten willkürlich und darum mehr verurteilt hätte. Als Beweis für angebliche Maßlosigkeit und überzogene Härte nimmt man die Waldheim-Prozesse 1950. Sie nennt man »eine Generalprobe künftiger SED-Justiz«. Mit Waldheim stützt man die verlogene Behauptung vom »Unrechtsstaat DDR«.
Dabei wird gern die Ausnahmesituation bewusst ausgeblendet: Unmittelbar nach Gründung der DDR hatte die sowjetische Besatzungsmacht von ihnen inhaftierte Personen, die faschistischer Verbrechen verdächtigt wurden, zur juristischen Verfolgung an die DDR-Organe übergeben. Mehr als dreitausend Frauen und Männer sollten nunmehr von deutschen Justizorganen, die neu und unerfahren waren, binnen kurzer Zeit abgeurteilt werden. Nun tut man so, als hätten damals heutige Verhältnisse geherrscht: Erfahrene und qualifizierte Richter und Staatsanwälte hätten mit viel Akribie und Ausdauer, bedächtig und ohne jeglichen inneren und äußeren Druck jeden einzelnen Fall untersuchen können. Irrsinn, keine fünf Jahre nach diesem verbrecherischen Krieg herrschten andere Verhältnisse und Prämissen!

EK Nach dem 3. Oktober 1990 wurden ausnahmslos alle in Waldheim Verurteilten rehabilitiert und für die Haft entschädigt.

FW Und die Richter und Staatsanwälte, so sie noch lebten, wurden verurteilt. Etwa die achtzigjährige Richterin Irmgard Jendretzki, sie erhielt vier Jahre Haft.

EK Daniela Dahn schrieb 1998 über diesen Fall in einem Buch: »Mord? Exzess? Wurden damals Unschuldige ohne Gesetzesgrundlage hingerichtet? Ich besorgte mir die 350 Seiten starke Anklageschrift und war irritiert. Die Mehrzahl der zum Tode Verurteilten waren Nazijuristen – am Volksgerichtshof, an Kriegs- und Sondergerichten. Das ist unbestritten, belegt nicht nur durch die äußerst knappen sowjetischen Auszüge aus Ermittlungsprotokollen, sondern auch durch die selbstverfassten Lebensläufe und Fragebogenauskünfte der Angeklagten und die Vernehmungen der dafür zuständigen Volkspolizei. All diese Nazirichter waren ausnahmlos an zweifelhaften Todesurteilen beteiligt, manche an einzelnen, andere an Dutzenden, einige an Hunderten.«

FW Eben diese Tatsache wird bei den sogenannten Waldheim-Prozessen bewusst ausgeblendet! Im Übrigen wurden auch in der Bundesrepublik Todesurteile vollstreckt, im Juni 1951 in Landsberg am Lech sieben. Was bezeichnend ist: Es fand am Ort der Hinrichtung eine von Bundes- und Landtagsabgeordneten organisierte Kundgebung »gegen die Unmenschlichkeit« statt, auf der mehrere Tausend Menschen – jeder Dritte kam aus Landsberg – die Aussetzung der Strafe forderten.

Es gab auch eine Gegendemonstration sogenannter jüdischer Displaced Persons (DP). Fast dreitausend Juden waren im benachbarten Ort Lager Lechfeld kurzzeitig von der amerikanischen Militärverwaltung untergebracht worden. Sie wohnten in Häusern, die von den US-Amerikanern beschlagnahmt und deren deutsche Bewohner ausquartiert worden waren. Die jüdischen

Demonstranten wurden von der aufgeputschten Menge in Landsberg mit »Juden raus!« niedergebrüllt. 1951! Die Gräber der gehenkten Nazi- und Kriegsverbrecher auf dem Gefängnisfriedhof – darunter das von Otto Ohlendorf, der als Kommandeur der Einsatzgruppe D verantwortlich war für die Ermordung zehntausender Kinder, Frauen und Männer – wurden zur Pilgerstätte der Rechten. Als der Freistaat Bayern 2003 den Friedhof entwidmete und die Namensschilder entfernte, gab es wütende Proteste.

EK Es heißt, dass die Todesstrafe in der Bundesrepublik damals abgeschafft wurde, weil man die Nazis überleben lassen wollte.

FW Nun ja, wenn man die Kontinuität bei den Personalien sieht, liegt dieser Verdacht nahe. Der alte Satz, wonach eine Krähe der anderen kein Auge aushacke, traf gewiss zu. Die »alten Eliten« hatten sich rasch wieder etabliert. Zwischen 1933 und 1945 haben deutsche Richter, zivile und militärische, etwa fünfzigtausend Todesurteile gefällt, die meisten wurden auch vollstreckt. »Der Dolch des Mörders«, sagte der US-Chefankläger Telford Taylor im Nürnberger Juristenprozess, »war unter der Robe der Juristen verborgen«. Etwa achtzig Prozent der Richter und Staatsanwälte der Bundesrepublik standen bis zum 8. Mai 1945 bei den Nazis in Lohn und Brot. Auch beim Bundesgerichtshof, der höchsten Instanz im Straf- und Zivilrecht, lag noch 1962 die Quote bei achtzig Prozent. Erst danach ging sie langsam zurück, was aber keine politische, sondern eher eine biologische Entscheidung war.

In den »Entnazifizierungsverfahren« in Westen waren faschistische Blutrichter als harmlose »Mitläufer« eingestuft worden und durften weiter urteilen und für »Rechtsstaatlichkeit« sorgen. Im Osten wurden sie konsequent verfolgt und bestraft.

EK Die DDR hatte, lange bevor die Volkskammer im Dezember 1987 die Todesstrafe mit dem 4. Strafrechtsänderungsgesetz offiziell abschaffte, ohnehin auf die Vollstreckung der Todesstrafe verzichtet. Der Kindermörder Hagedorn wurde 1972 als letzter Zivilist gerichtet. Wie ich in Publikationen nach 1990 gelesen habe, soll es danach noch drei Todesstrafen wegen Spionage und Landesverrat gegeben haben. Letzteres kann ich aus eigenem Wissen nicht bestätigen. An mir ist das jedenfalls vorbeigegangen. Ich weiß von Honecker, dass er stolz darauf war, selbst nie ein Todesurteil bestätigt zu haben. Wie also die Hinrichtungen nach 1972 zustande gekommen sind, entzieht sich meiner Kenntnis. Als Honecker 1987 in München mit Strauß zusammenkam, hat der zu ihm gesagt, nicht einmal Frankreich habe sich dazu entschließen können, was die DDR getan habe, nämlich die Todesstrafe abzuschaffen. Dass in der Verfassung von 1949 die Todesstrafe noch vorgesehen war, hing vor allem mit der damals aktuellen und konsequenten Verfolgung von Nazi- und Kriegsverbrechen zusammen. Nach der Selbstbefreiung des Konzentrationslagers Buchenwald hatten die Überlebenden auf dem Appellplatz geschworen: »Wir stellen den Kampf erst ein, wenn auch der letzte Schuldige vor den Richtern der Völker steht! Die Vernichtung des Nazismus mit seinen Wurzeln ist unsere Losung. Der Aufbau einer neuen Welt des Friedens und der

Freiheit ist unser Ziel.« Das wurde in der DDR Staatscredo.
Insgesamt hatte die DDR-Justiz in den vierzig Jahren ihrer Existenz 231 Todesurteile ausgesprochen, davon wurden 166 vollsteckt. In den USA, wo unverändert exekutiert wird, starben allein zwischen 1976 und 2020 über anderthalbtausend Menschen auf dem elektrischen Stuhl oder mit der Giftspritze …

FW Egon, in dem Punkt sind wir uns völlig einig, dass in normalen Zeiten die Todesstrafe keine Option für eine juristische Strafe darstellt.

EK Unbedingt. Deshalb beauftragte mich Honecker auch, mit dem Generalstaatsanwalt der UdSSR die Grundzüge der von uns geplanten Strafrechtsreform in der DDR zu besprechen, die auch die Abschaffung der Todesstrafe vorsah. Weißt du, was die sowjetischen Freunde mir geantwortet haben? Wir sollten es besser so lassen, wie es ist. Solange die Todesstrafe in den USA praktiziert werde, sollten auch wir sie beibehalten. Das sei Konsens zwischen allen sozialistischen Staaten. Die DDR sollte nicht ausbrechen.

FW Tatsache ist und bleibt: In der DDR verurteilte Nazi-Mörder sind im Zuge der Vergangenheitsbewältigung nach 1990 von der bundesdeutschen Justiz rehabilitiert und entschädigt, Antifaschisten hingegen verurteilt und mit Rentenentzug bestraft worden. So ist es mit den Schlussfolgerungen bestellt, die die deutsche Justiz aus der »Perversion der Rechtsordnung« (BGH) in der Nazizeit gezogen hat. Der französische Antifaschist und Publizist Gilles Perrault meinte dazu in den neun-

ziger Jahren: »Wir wissen aus harter Erfahrung, dass der Hitlerfaschismus das absolut Böse ist. Wenn das sogenannte neue Deutschland diejenigen verleugnet, die ihn bekämpft haben, wie sollte man sich da nicht die Frage nach der wahren Natur dieses neuen Deutschland stellen?«
Die »wahre Natur« dieses Deutschland wird aus der Geschichte seiner politischen Prozesse offenbar.

EK Wir haben 1987, wie du weißt, eine umfangreiche Justizreform auf den Weg gebracht – als einziges Land im Warschauer Vertrag und ohne Zustimmung der Gorbatschow-Führung. Mit der Abschaffung der Todesstrafe, der Bildung einer zweiten Instanz, um Rechtsmittel gegen Entscheidungen des Obersten Gerichts einlegen zu können, mit einer umfassenden Amnestie für Straftäter – ausgenommen nur Nazi- und Kriegsverbrecher sowie Mörder und Gewaltverbrecher. Nach 1990 hieß es, Helmut Kohl habe dies zur Bedingung gemacht, damit Honecker im September 1987 in die Bundesrepublik kommen durfte. Das bestreite ich – nicht aus den Akten, sondern aus eigenem Wissen.

FW Sie tun unverändert so, als hätten in den DDR-Gefängnissen überwiegend politische Häftlinge gesessen.

EK Das ist doch Unsinn.

FW Genau. Auf 100 000 Einwohner kamen 690 Straftaten. Zum Vergleich: In der Bundesrepublik betrug dieser Wert 7253 im Jahr 2010, also mehr als zehn Mal so viel; die Polizei meint, die Dunkelziffer läge noch höher.

EK Ich habe hier meine Papiere im Zusammenhang mit unserer Reform. Fast die Hälfte der Straftaten waren Eigentumsdelikte, Gewalttaten hingegen gering.

FW Ständig erschienen in westdeutschen Medien Berichte über die vermeintlich unmenschlichen Bedingungen in DDR-Gefängnissen.

EK 1986 bekam ich den sogenannten Menschenrechtsbericht des State Departments der USA. In den 31 Strafvollzugseinrichtungen der DDR, so hieß es darin, litten die Inhaftierten unter »grausamen Behandlungen durch Strafvollzugsbeamte«.

FW Nebenbei: In der DDR, wem sage ich das, gab es keine »Beamten«. Das Berufsbeamtentum war bereits in der Sowjetischen Besatzungszone abgeschafft worden, man führte es in den neunziger Jahren »in den neuen Bundesländern« aber wieder ein.

EK Ich bat damals unseren Innenminister zu mir, nachdem ich das gelesen hatte. Friedrich Dickel, ein aufrechter, integrer und untadliger Mann, kannte Knäste von innen aus eigener Anschauung. Er hatte im Nazi-Gefängnis, in Frankreich und in Japan gesessen. Trotz des Altersunterschieds waren wir Freunde. »Fritz«, fragte ich ihn, »warum werden bei uns Gefangene misshandelt?« Er schaute mich an und schwieg. An seinen Gesichtszügen sah ich, dass er auf Hundertachtzig war, doch er bemühte sich um Fassung. »Egon, traust du mir zu, dass ich so etwas dulden würde?« Es gehe nicht darum, was ich ihm zutraue oder nicht, entgegnete ich. »Im Westen wird behauptet, in unseren

Gefängnissen wird geschlagen. Wenn es wahr ist, müssen wir die Verantwortlichen bestrafen. Wenn es gelogen ist, müssen wir die Lügen öffentlich entlarven.« Dickel meinte nachdenklich, er könne nicht für jeden Wachtmeister die Hand ins Feuer legen. Der Dienst im Strafvollzug sei hart und wie lebenslängliche Haft, die erst mit der Rente ende. Die Einrichtungen stammten ausnahmlos aus vorsozialistischer Zeit, die Modernisierung komme nur mäßig voran. »Ich kann dir aber garantieren: Solange ich Innenminister bin, wird bei uns kein Gefangener geschlagen. Und wenn es dennoch Übergriffe gegeben haben sollte, hätte das Konsequenzen für die Verantwortlichen.«

FW Du hast ihm vertraut?

EK Natürlich, warum nicht? Trotzdem sagte Dickel: »Schicke deine Leute in Gefängnisse deiner Wahl. Sie sollen, ohne dass wir dies vorher wissen, mit Gefangenen sprechen, die sie selbst auswählen. Und ohne, dass Angestellte des Strafvollzugs dabei sind. Danach können wir hier unser Gespräch fortsetzen.« Er stand auf und ging.
Der Staatsratsvorsitzende erteilte mir die Genehmigung, Inspektoren in ausgewählte Einrichtungen des Strafvollzugs zu schicken. Wolfgang Herger und ich stellten Arbeitsgruppen zusammen, die die Haftanstalten Bautzen I, Hoheneck und die Untersuchungshaftanstalt des MfS in Berlin-Magdalenenstraße aufsuchen sollten. Die Arbeitsgruppen bestanden aus Juristen, Volkskammerabgeordneten sowie Mitarbeitern der ZK-Abteilungen Staat und Recht sowie Sicherheitsfragen. Ihre Befunde nach den unangekündigten Visiten: Die

Obst- und Gemüseversorgung sei schlecht, die Bereitstellung von Hygieneartikeln dito. Der Ton mancher Aufseher sei rüde und die Freizeitgestaltung zu eintönig. Doch eine Verletzung der Menschenrechte oder gar übergriffiges Verhalten monierte nicht ein einziger Häftling.

FW Knäste sind nirgendwo auf der Welt Sanatorien.

EK Im Januar 1987 erlaubten wir zwei West-Journalisten auf deren Antrag einen Besuch in Brandenburg. In der größten Strafvollzugsanstalt der DDR hatte während der Nazi-Zeit bekanntlich auch Erich Honecker gesessen. Peter Pragal vom *Stern* und Gorski von der *Bunten* waren drei Stunden dort unterwegs und überzeugten sich, dass die »Standardminimalregeln für die Behandlung von Gefangenen« und die Empfehlungen der »Internationalen Konvention über die zivilen und politischen Rechte« in der DDR eingehalten wurden. Am Schluss der Visite entschuldigten sie sich bei ihren Begleitern für ihre »manchmal komischen Fragen«. Sie hätten bis dahin nur mit ausgereisten ehemaligen Strafgefangenen gesprochen, die natürlich ein anderes Bild von den Haftbedingungen in der DDR gezeichnet hätten.

FW Ich glaube, auch der *Spiegel* hat mal über Brandenburg berichtet.

EK Ja, das war zu Honeckers 75. im August 1987. Allerdings wollten die Hamburger Journalisten nur die Zellen sehen, in denen Honecker fast zehn Jahre seines Lebens zugebracht hatte. Allerdings waren sie maßlos

Unverändert gut zu Fuß – der bald Hundertjährige und der bald Fünfundachtzigjährige

enttäuscht, als sie hörten, dass diese nicht mehr existierten. Sie waren den Modernisierungsmaßnahmen zum Opfer gefallen.

FW Wollen wir ein paar Schritte gehen, Egon?

Kapitel 2

Rechtsstaat oder Gerichtsstaat?

EK Hatte ich dir eigentlich mal diese Geschichte erzählt, als Helmut Schmidt und Honecker zusammensaßen?

FW Keine Ahnung. Haben wir uns überhaupt schon mal über diese beiden unterhalten? Du meinst jetzt bestimmt das Treffen, wo der Stab und das internationale Pressezentrum hier nebenan in der Jugendhochschule residierten und die ganze Gegend rund um Wandlitz lahmlegten?

EK Ja, damals Ende 1981 in der Schorfheide, als der Bundeskanzler in der DDR war. Das Treffen sollte ursprünglich Anfang 1980 stattfinden, Honecker sagte damals ab, weil Schmidt maßgeblich den NATO-Raketenbeschluss betrieben und damit für eine neue Runde bei der Hochrüstung gesorgt hatte. Dann wollte man sich im Sommer 1980 treffen, da sagte Schmidt wegen der sowjetischen Intervention in Afghanistan ab. Und der Westen boykottierte die Olympischen Spiele in Moskau. Anderthalb Jahre später kam er aber doch. In Hubertusstock parlierten die beiden allein, außerhalb des Protokolls, munter und unverkrampft, wie mir Erich berichtete. Schmidt habe Honecker beneidet, dass er angeblich leichter regieren könne als er in Bonn. Dieser habe ein Politbüro und könne alles durchstellen, er hingegen müsse oft juristische Hürden überwinden. Die Bundesrepublik, so der Kanzler pointiert, sei nämlich in Wahrheit kein Rechts-, sondern ein Gerichtsstaat.

FW Hübsch. Und durchaus zutreffend.

EK Daran scheint sich offenkundig nichts geändert zu haben. Manchmal habe ich den Eindruck, dass der Unwille oder das Unvermögen, eine politische Entscheidung zu treffen oder sie durchzusetzen, gern nach Karlsruhe delegiert wird. So treffen denn Verfassungsrichter praktisch bundespolitische Entscheidungen. Schmidt klagte gegenüber Honecker, dass das Bundesverfassungsgericht »mit unglaublicher Arroganz politische Fragestellungen juristisch entscheidet«.

FW Das Bundesverfassungsgericht befindet darüber, ob eine Entscheidung oder ein Gesetz verfassungskonform ist oder nicht. Wenn die Richter mehrheitlich der Meinung sind, dass der in Rede stehende Hoheitsakt gegen bestehendes Recht verstößt oder aus anderen Gründen unzulässig ist, fordern sie Änderung oder Aussetzung, zumindest verhindern sie die Ausführung. Wobei die Vermutung nicht ganz unbegründet ist, dass der Gang nach Karlsruhe mitunter ein Akt der Verzweiflung ist, eine Art Notbremse.

EK Hatte Bundeskanzler Schmidt also Recht, wenn er klagte und Honecker beneidete?

FW Er irrte natürlich und hatte selbstverständlich auch Recht. Aber das muss ich dir doch nicht erklären. Bei uns gab es keine Verwaltungsgerichte, Entscheidungen von Behörden, also auch der Regierung oder dem Politbüro, konnten juristisch nicht angefochten werden.

EK Das ist nun ein völlig anderes Thema, wie ich meine. Zum Ende der DDR waren wir dabei, dies zu ändern. Ich gab 1987 eine Vorlage zur »Bildung einer zweiten Instanz für Rechtsmittel gegen Entscheidungen der Senate des Obersten Gerichts« in den Staatsrat. Dabei spürte ich die Abwehr älterer Mandatsträger, die schon in der Weimarer Republik politisch aktiv waren. Sie waren der Auffassung, es sei nicht richtig, wenn zwei, drei Richter Entscheidungen, die die gewählten, also demokatisch legitimierten Volksvertreter mehrheitlich getroffen hätten, aufheben würden. Das war ein Argument, mit dem man sich auseinandersetzen konnte.
Mit dem Präsidenten des Obersten Gerichts und dem Generalstaatsanwalt der DDR habe ich daran gearbeitet, Verwaltungsgerichtsbarkeit unter sozialistischen Bedingungen vorzubereiten. Im Januar 1989 wurde per Gesetz die Möglichkeit einer gerichtlichen Nachprüfung von ausgewählten Verwaltungsentscheidungen eingeführt. Das war zwar spät, aber dennoch ein Zeichen für unsere Reformbereitschaft.
Eine sehr wichtige Rolle bei der Lösung von Alltagsfragen der Bürger spielten übrigens die Eingaben, was in diesen Komplex unbedingt mit hineingehört.

FW Deren Wirkung schätzte ich nicht gering. Doch Eingaben konnten nicht die gerichtliche Verwaltungskontrolle ersetzen.

EK Da will ich nicht widersprechen, nichts war perfekt. Dennoch, Eingaben waren im Gegensatz zu heutigen Gerichtsentscheidungen kostenlos. Sie führten oft zu schnellen positiven Veränderungen der kritisierten Zustände. Als ich im Knast saß, erhielt ich von einer Frau aus Cottbus, die früher verschiedene Eingaben an mich geschrieben hatte, einen Brief. Sie meinte, jede ihrer Eingaben sei korrekt beantwortet worden, was sie über heutige Beschwerden bei Verwaltungen nicht sagen könne. Meist werde ihr heute mitgeteilt, dass ihr Anliegen nach Paragraf sowieso und Absatz sowieso bearbeitet werde. Was das aber bedeutet, stünde nicht dabei.
Im Bundesarchiv befinden sich eine Menge Aktenbände aus DDR-Zeiten mit Eingaben an mich. Sie sind aus Datenschutzgründen nicht einsehbar. Wären sie es, könnte man auch erkennen, mit welchem Selbstbewusstsein die Beschwerden vorgetragen wurden. Von der angeblichen Furcht, die bei uns im Staate allenthalben geherrscht haben soll, ist da nichts zu finden. Meine Mitarbeiter und ich haben an jedem Jahresende Bilanz gezogen. Etwa 80 Prozent der Anliegen waren im Sinne der Bürger entschieden worden.

FW Stimmt. Aber jede Regel kennt Ausnahmen. Und die gab es bei uns eben auch. Allerdings: bei gravierenden Gesetzen erfolgten Volksaussprachen, wurde die große Öffentlichkeit einbezogen. Im Falle der Verfassung von 1968 wurde mit einem Volksentscheid abgestimmt, ob man – nach Berücksichtigung tausender Hinweise und Änderungsanträge – mit dem Papier einverstanden war oder nicht. Es hatte mehr als zwölftausend Änderungsvorschläge gegeben, sie schlugen sich in weit über hundert Änderungen nieder. Am Ende vo-

Konsens und Dissens bei der Frage: Ist es demokratisch, wenn zwei, drei Richter Gesetze kippen können, die eine Mehrheit im Parlament beschlossen hat?

tierten 94,5 Prozent der Wahlberechtigten für die Verfassung.
Walter Ulbricht erklärte 1967 auf dem VII. Parteitag, dass die DDR der »wahre deutsche Rechtsstaat« sei. Er hat das auch begründet. Und aufs Ganze gesehen meine ich heute auch: Im Vergleich zur Bundesrepublik waren wir der tatsächliche Rechtsstaat.

EK Ich kann mich allerdings nicht erinnern, dass in der Diskussion des Verfassungsentwurfs die Verwaltungsgerichtsbarkeit eine Rolle gespielt hat. Oder?

FW Nein, hat sie nicht. In der 68er Verfassung fehlte die Möglichkeit, die Verletzung von Grundrechten der Verfassung im Rechtsweg bis zum höchsten Gericht gegen den Staat individuell geltend machen zu können. Die Verfassung von 1974 änderte daran auch nichts.

EK Und wie war's bei der ersten Verfassung, der von 1949?

FW Da gab es den Artikel 138, Absatz 1: »Dem Schutz der Bürger gegen rechtswidrige Maßnahmen der Verwaltung dienen die Kontrolle durch die Volksvertretungen und die Verwaltungsgerichtsbarkeit.« Auch in den Länderverfassungen, die es seit 1947 gab, hatte es bereits so gestanden, etwa in Artikel 68 der Verfassung von Mecklenburg: »Dem Schutz der Bürger gegen widerrechtliche Anordnungen und Verfügungen der Verwaltungen dient die Verwaltungsgerichtsbarkeit.« Darin folgte man der Verfassung der Weimarer Republik. Mit der Auflösung der Länder und der Bildung der Bezirke 1952 hatte sich das erledigt.

EK Also gab es bis 1952 Verwaltungsgerichte in den Ländern bzw. in der DDR?

FW Eben nicht. Es existierte ein Verfassungsausschuss der Volkskammer, der gemäß Artikel 68 der Verfassung die Verfassungsmäßigkeit von Gesetzen prüfte. Bei diesem Ausschuss konnten Zweifel an der Verfassungsmäßigkeit von Gesetzen geltend gemacht werden – und zwar von mindestens einem Drittel der Mitglieder der Volkskammer, von deren Präsidium, vom Präsidenten der DDR, von der Regierung und von der Länderkammer. Der Verfassungsausschuss sollte auch Verfassungsstreitigkeiten zwischen der Republik und den Ländern und die Vereinbarkeit von Landesgesetzen mit

Gesetzen der Republik prüfen. Ihm gehörten Abgeordnete aller Fraktionen sowie drei Staatsrechtler an, die nicht Mitglieder der Volkskammer sein durften.
Der Ausschuss hatte kein Entscheidungsrecht, sondern sollte Gutachten abgeben. Über das Gutachten sollte die Volkskammer selbst entscheiden. Das Problem aber bestand darin: Wenn alle Staatsgewalt vom Volk ausgeht und die vom Souverän gewählte Volkskammer das höchste Organ der Republik war, dann konnte kein anderes Organ, auch kein Gericht, sondern nur die Volkskammer selbst über die Verfassungsmäßigkeit ihrer Gesetze endgültig bestimmen. Warum soll das Diktum von einigen Juristen einen höheren Rang haben als die Entscheidung des Staatsorgans, das die Volkssouveränität repräsentiert? Du hast vorhin ja auch auf die entsprechenden Vorbehalte der alten Genossen hingewiesen.

EK Ich schließe daraus: Das Problem hat auch die Bundesrepublik.

FW Du sagst es. Deshalb haben wiederholt schon demokratische Juristen der BRD die Legitimität der Überprüfung von Bundesgesetzen durch das Bundesverfassungsgericht infrage gestellt.
Aber noch einmal: Nach meiner Erinnerung hat die Abschaffung der Verwaltungsgerichtsbarkeit und des Überprüfungsverfahrens von Gesetzen in der ansonsten breiten und tiefgründigen öffentlichen Diskussion über den Verfassungsentwurf 1968 keine Rolle gespielt.

EK Nun frage ich dich als Juristen, der Mitglied der SED war und viele Jahre den Vorsitz des Rates der Kollegien der Rechtsanwälte der DDR innehatte: Was war nach deiner Meinung der eigentliche Grund, weshalb das Thema bei uns unter den Tisch fiel?

FW Verfassungs- und Verwaltungsgerichtsbarkeit wurden als Ausdruck bürgerlicher, also kapitalistischer Staats- und Rechtsvorstellungen betrachtet. Deren Überbleibsel sollten im Zuge des Aufbaus des Sozialismus überwunden werden. Und sie wurden mit der Verfassung von 1968 auch endgültig überwunden. Bürgerliche Staats- und Rechtsvorstellungen hatten in einer sozialistischen Verfassung keinen Platz. Sie wurden als Behinderung, ja als Gefährdung der Machtentfaltung des Volkes angesehen. In der Verfassung von 1949 trug der entsprechende Teil die Überschrift »Inhalt und Grenzen der Staatsgewalt«. Das wurde Ende der sechziger Jahre offenkundig als überholt betrachtet.
Und ich will nicht ausschließen, dass man sich auch hier an der sowjetischen Staats- sowie Rechtstheorie und -praxis orientierte: Dort kamen Verfassungs- und Verwaltungsgerichte auch nicht vor. Staatsrechtler Karl-Heinz Schöneburg – du wirst ihn noch kennen, er verstarb 2013; sein Sohn Volkmar war damals Justizminister in Brandenburg – sagte einmal, bei der Ausarbeitung der sozialistischen Verfassung der DDR sei es nicht darum gegangen, sie als Einrichtung zur Beschränkung und Kontrolle der Macht zu gestalten. Die Verfassung sollte Instrument der Machtentfaltung des Volkes sein – unter Führung der Arbeiterklasse und ihrer Partei.

EK Ich will dir noch eine Geschichte zum sozialistischen Rechtsstaat erzählen. Im Sommer 1985 besuchte

ich einen Empfang in der jugoslawischen Botschaft. Am Rang der teilnehmenden Politiker der DDR sahen die Diplomaten, wie gut oder wie schlecht die gegenseitigen Beziehungen waren. Jugoslawien stand bei uns hoch im Kurs. So wurde ich als Stellvertreter Honeckers im Staatsrat zum Empfang abkommandiert.
Während des Empfangs arbeitete sich Manfred Stolpe, Konsistorialpräsident der Evangelischen Kirche, Meter um Meter in meine Nähe, bis er, wie zufällig, neben mir stand. »Ich gratuliere Ihnen zu Ihrer grundlegenden Rede.« Er meinte mein Referat, das ich kurz zuvor auf einer Rechtskonferenz des Zentralkomitees gehalten hatte. Dort hatte ich vom »sozialistischen Rechtsstaat DDR« gesprochen, die Gleichheit aller vor dem Gesetz hervorgehoben, die Rechtssicherheit in der DDR gelobt und die Gemeinsamkeit aller politischen Kräfte des Landes betont.

FW Ich erinnere mich.

EK Warst du damals in der Kongresshalle Ende Juni dabei?

FW Nein. Zur Konferenz »Staat und Recht bei der weiteren Entfaltung der Vorzüge und Triebkräfte der sozialistischen Gesellschaft« waren nur Staats- und Rechtswissenschaftler sowie Funktionäre geladen, keine Juristen.

EK O, da muss ich nachträglich um Vergebung bitten. Allerdings reklamiere ich für mich, die Anwälte nicht unter- oder gar geringgeschätzt zu haben. Ich will dir mal ein Beispiel geben. Am 27. Juli 1989 sprach ich in meinem Büro mit dem Vorsitzenden des Rates der Vorsitzenden der Anwaltskollegien über Grundlegendes für die geplante Reform der DDR-Justiz.

FW Das war damals Gregor Gysi.

EK So ist es.

FW Bist du überhaupt zu Wort gekommen?

EK Auch damit liegst du richtig. *(Lacht)* Ich würde meinen, dass er zu neunzig Prozent geredet hat, und die anderen zehn Prozent habe ich Fragen gestellt. Die Notizen des ein wenig einseitigen, wenngleich konstruktiven Dialogs habe ich noch. Nachdem ich ihn gebeten hatte, »offen und ohne Vorbehalte« seine Gedanken für ein neues Strafgesetzgebuch vorzutragen – dabei ging es mir insbesondere um die »Entkriminalisierung« bestimmter Straftatbestände –, forderte er, die Rechtsanwälte stärker an der Rechtspflege und der Vorbereitung gesetzgeberischer Maßnahmen des Staates zu beteiligen. Gerichten und Richtern sollte der Rücken dadurch gestärkt werden, dass man ihnen tatsächliche Unabhängigkeit garantiere. Außerdem, so Gysi, müsse auch der Strafvollzug selbst reformiert und die Unterstellung unter das Innenministerium beendet werden. Mehr Öffentlichkeit, sagte er, dann könne man auch besser die Lügen des Gegners über die Zustände in unseren Gefängnissen widerlegen.

FW Ja, die fehlende Transparenz auch in anderen Bereichen fiel uns immer wieder auf die Füße. Dabei gab es eigentlich nichts, was geheimzuhalten gewesen wäre.

EK Auch voreinander nicht. Gysi informierte den Justizminister über unser Gespräch. Gut, das war legitim. Im Justizministerium fertigte man eine Aktennotiz. Und auf diese stieß 1995 ein Münchner Nachrichtenmagazin und entrüstete sich künstlich: Gysi habe einen Kollegen bei Krenz »denunziert«. Gregor klagte vorm Hamburger Landgericht gegen das Magazin und gewann. Ich war als Zeuge geladen.

FW Welchen Kollegen soll er bei dir angeschwärzt haben?

EK Überhaupt keinen. Wir sprachen, wie schon gesagt, über die Justizreform und meine Überlegungen, das Strafrecht zu entkriminalisieren. In diesem Kontext kamen wir auch auf Gysis Kollegen Rolf H. zu sprechen, der wenige Monate zuvor im Westen ein Buch »Der vormundschaftliche Staat – vom Versagen des real existierenden Sozialismus« veröffentlicht hatte. Nach geltendem Recht der DDR wäre es möglich gewesen, gegen ihn ein Ermittlungsverfahren einzuleiten, und es gab dazu auch schon Überlegungen, doch ich war dagegen und schlug Honecker vor, von einer strafrechtlichen Verfolgung abzusehen. Als Staatsratsvorsitzender konnte er das gemäß Verfassung entscheiden. Wir sollten H. »nicht seinen Wunsch erfüllen, ihn durch unangemessene Schritte zum Pressehelden der BRD zu machen«, schrieb ich in einer Hausmitteilung an Honecker. Der sah das auch so. Allerdings fand diese Entscheidung selbst unter den Anwaltskollegen nicht nur Beifall, es wurde diskutiert. Also fragte ich Gysi, wie er das sehe. Und wie erwartet begrüßte er es, dass kein Strafverfahren gegen H. eingeleitet worden war.

Allerdings machte er darauf aufmerksam, dass – im Interesse der Gleichheit aller vor dem Gesetz – es nicht in Ordnung sei, wenn etwa ein betrunkener Arbeiter eine dumme Äußerung macht und dafür strafrechtlich zur Verantwortung gezogen werde. Ähnlich verhielte es sich bei den Ausreisewilligen. Jene, die ordnungsgemäß einen Antrag stellten, die also gesetzeskonform handelten, würden immer wieder auf die Nudel geschoben, hingegen wären jene meist erfolgreich, die provozierten und Krawall machten und also gegen die Gesetze verstießen. Mit anderen Worten: Er fand es als Anwalt nicht in Ordnung, wenn mit unterschiedlichem Maß gemessen und gehandelt würde.

FW H. wurde stattdessen aus der SED ausgeschlossen. Die Folgen waren auch nicht angenehm. Aber zurück zur Ausgangsfrage: zu jener Konferenz 1985, dem Besuch in der jugoslawischen Botschaft und deiner Begegnung dort mit Stolpe …

EK Also Stolpe sagte, er habe mit Befriedigung aufgenommen, dass ich die DDR in meiner Rede einen »sozialistischen Rechtsstaat« genannt habe. Daran wolle er anknüpfen und mir ein Problem vortragen, das ihn in diesen Tagen stark bewege.

FW Er war schon ein rechtes Schlitzohr.

EK Mag sein. Er war aber ein ehrlicher, anständiger Charakter. Ein guter Makler zwischen Staat und Kirche. Als mich zum Jahreswechsel 1989/90 manche meiner Weggefährten demonstrativ mieden, schickte er mir eine handgeschriebene Weihnachtskarte. Dass er

Dez 89

Sehr geehrter Herr Krenz!
Zum Weihnachtsfest und zum Neuen Jahr sende ich Ihnen und Ihrer Familie gute Wünsche! In dem turbulenten Jahr 89 waren Sie besonders schweren Belastungen ausgesetzt und zu weitreichenden Entscheidungen gefordert. Nach meiner Kenntnis haben Sie Gewalt verhindert und das Gespräch am Runden Tisch ermöglicht. Damit wurde das Entscheidende für den friedlichen Beginn unserer Umgestaltung getan. Die Historiker werden es auch noch finden. Freundliche Grüße Manfred Stolpe

Krenz war Anfang Dezember 1989 von allen Funktionen zurückgetreten. Es ist hierzulande üblich, dass zurückgetretene Spitzenpolitiker gemieden werden. Auch bei Egon Krenz war dies so, alle gingen auf Distanz. Eine der wenigen Ausnahmen war Manfred Stolpe. Dieser schickte ihm nicht nur handschriftliche Grüße zum Jahreswechsel und bemerkte: »Nach meiner Kenntnis haben Sie Gewalt verhindert und das Gespräch am Runden Tisch ermöglicht. Damit wurde das Entscheidende für den friedlichen Beginn unserer Umgestaltung getan. Die Historiker werden es auch noch finden.« Darauf warten wir nun schon dreißig Jahre.

später Ministerpräsident in Brandenburg wurde, war – wäre ich wie er ein Gottesmann, würde ich sagen – ein Segen.

Also hob Stolpe an, er habe davon gehört, dass man etwa fünfzig junge Männer in Haft nehmen wolle, weil sie den Wehrdienst verweigerten. Auf meinen Einwurf, dass sie doch die Möglichkeit hätten, als Bausoldaten zu dienen, schüttelte er den Kopf. Es handle sich um Totalverweigerer. »Da verstoßen sie gegen das Gesetz«, sagte ich. »Meines Wissens werden Totalverweigerer auch in der Bundesrepublik strafrechtlich verfolgt.«

Das sei zwar richtig, entgegnete Stolpe. Doch wenn dort ein Wehrdienstverweiger inhaftiert würde, krähte kein Hahn. Wenn aber einer in der DDR einrücken muss, kräht die ganze Westpresse, erst recht bei einem halben Hundert. Das können wir nicht brauchen, also die DDR könne das nicht gebrauchen. Deshalb bitte er mich, meinen Einfluss geltend zu machen, dass die Männer auf freiem Fuße blieben.

FW Offensichtlich glaubte auch Stolpe, dass die Verhaftung von DDR-Bürgern im Politbüro entschieden würde.

EK Ja. Ähnliche Vermutungen hatte ich schon im Januar 1984 von Juso-Chef Rudolf Hartung gehört. Bei einem Gespräch bat er mich darum, ich solle mich im Politbüro für die inhaftierten Mitglieder der Gruppe »Frauen für den Frieden« Bärbel Bohley und Ulrike Poppe einsetzen. Hartung wollte nicht glauben, dass deren Verhaftung nicht im Politbüro behandelt worden war.

FW Wirklich nicht?

EK Ich war von 1976 bis 1989 im Politbüro. In dieser Zeit habe ich nie erlebt, dass dort über Verhaftungen beraten oder gar entschieden worden ist. Das war stets Sache der zuständigen Justizorgane. Und was Honecker mit anderen unter vier oder sechs Augen besprach, also außerhalb der Politbürositzungen, entzieht sich meiner Kenntnis. In diesem Gremium jedenfalls waren Personalien dieser Art nie Thema.

FW Und? Wie bist du mit Hartungs Bitte umgegangen?

EK Honecker war als Staatsratsvorsitzender verantwortlich für die Generalstaatsanwaltschaft. Mit seiner Hilfe konnte ich erreichen, dass sie nach nochmaliger Prüfung die Freilassung der beiden Frauen veranlasste. Doch das waren Ausnahmen. Eingriffe in die Justiz, zu denen ich - auch laut Gesetz - nicht berechtigt war, habe ich immer vermieden. Auf einen besonderen Fall komme ich vermutlich später noch zu sprechen.

FW Und wie sah die »Ausnahme« bei Stolpes Intervention aus?

EK Ich sprach mit dem Staatsoberhaupt und gewann ihn dafür, Widerspruch einzulegen. Die Aktion wurde abgeblasen. Danach hat es meines Wissens nie wieder Verhaftungen bei Wehrdienstverweigerern in der DDR gegeben.

FW Natürlich war jede dieser Entscheidungen zu begrüßen, aber genau das warf man uns ja vor: Rechtsprechung nach Gutsherrenart, par ordre du mufti.

EK Ja, wir sind bei solchen Fragen immer davon ausgegangen, dass wir ein gespaltenes Land waren und manch schwierige humanitäre Angelegenheit anders nicht zu lösen war.

FW Das Thema hatten wir ja schon mal. Die *formelle Auffassung vom Rechtsstaat* beschränkt sich darauf, wie es im Artikel 20 Abs. 3 des Grundgesetzes formuliert ist, dass also die Gesetzgebung an die verfassungsmäßige

Ordnung sowie die vollziehende Gewalt und die Rechtsprechung an Gesetz und Recht gebunden sind. Das entspricht der uns von Aristoteles aus dem Altertum übermittelten Trias von Gesetzgebung, Rechtsprechung und Amtsgewalt. Das ist eindeutig und eigentlich selbstverständlich in zivilen Staaten. Etwas anderes, und das macht eben den Unterschied, ist die erlebte Wirklichkeit, also der *materielle Ausdruck des Rechtsstaats.* Und das bleibt allenfalls ein anzustrebendes Ideal, denn nirgendwo sind Recht und Gerechtigkeit identisch. Das hatte seinerzeit Bärbel Bohley sehr richtig erkannt, als sie nach der Vereinigung larmoyant konstatierte: Wir wollten Gerechtigkeit und bekamen den Rechtsstaat.

EK Wenn ich dich also richtig verstehe, tendierte die DDR mit der sozialistischen Demokratie zu einer eher materiellen Auffassung des Rechtsstaats.

FW Ja, sicher. Erscheinung und Wesen sollten übereinstimmen, zumindest haben wir es versucht. Anders als in der bürgerlichen Demokratie, wo Erscheinungen des Rechtsstaates, des Rechtswesens und der Justiz – für jeden erkennbar – nicht identisch sind.

EK Ich kann mich erinnern, dass Honecker Gorbatschow widersprach, als dieser dem Westen zusicherte, die Sowjetunion zu einem Rechtsstaat machen zu wollen und dafür viel Beifall bekam. Honecker kommentierte damals Gorbatschows Absichtserklärung, dass die DDR schon lange ein Rechtsstaat sei, denn alle wesentlichen Gebiete seien durch Gesetze geregelt.

FW Was zutraf. Aber damit bediente er nur die formelle Auffassung vom Rechtsstaat. Verstehst du? Es existieren Gesetze, die wunderbar sind, die alles regeln. Aber wie erlebt das im Einzelnen der Bürger? Versteht er die Gesetze, kann er damit umgehen, fühlt er sich gerecht behandelt, gleichberechtigt wahrgenommen? Hat er Teilhabe am gesellschaftlichen Leben, darf er mitreden und dergleichen mehr? Empfindet er sich als Subjekt oder mehr als Objekt? Das sind zwei verschiedene Paar Schuhe.
Nach der Wende bekam ich oft von Mandanten zu hören, das sei jetzt alles viel bürokratischer als in die DDR. Das juristische Dickicht sei kaum zu durchschauen und einfach unheimlich. Die Wessis kannten das nicht anders, die Ossis schon und merkten darum den Unterschied. Sie verstanden nicht die Schreiben von Behörden, besonders die von Gerichten und Juristen nicht. Ihnen war nicht bewusst, dass die Post des Anwalts der gegnerischen Seite, juristische Schriftsätze und Urteilssprüche nicht für den Empfänger, sondern für Juristen und die nächste Instanz geschrieben wurden. Das empfanden sie als undurchschaubaren Dschungel. Und das ist ja noch immer so und wird sich auch nicht ändern. Dahinter steckt Absicht, das hat doch Methode. Wenn jeder alles verstehen würde, könnte er ja auf einen »Dolmetscher« in der Anwaltskanzlei verzichten.

EK Deshalb kam die ganze DDR auch mit rund sechshundert Anwälten aus, was nicht Ausdruck von Mangel, sondern von Realitätssinn war: Mehr brauchten wir nicht. Die Gesetze waren verständlich, es gab vielleicht »Parteichinesisch«, aber kein spezielles »Juristendeutsch«. Viele Angelegenheiten wurden in Konfliktkommissionen oder gesellschaftlichen Gerichten geregelt.

FW Und nicht zu vergessen: Uns waren diese völlig verwirrenden Strukturen, dieses Labyr – für Zivil-, Familien- und Arbeitsrechtssachen wie auch für Strafsachen. Die BRD ist nicht nur ein Gerichtsstaat, sondern auch ein Rechtswegestaat, um mal Schmidt aufzugreifen. Außer den Verfassungsgerichten, die erst angegangen werden können, wenn der »ordentliche Rechtsweg« ausgeschöpft ist, kennt das bundesdeutsche Justizsystem die ordentliche Gerichtsbarkeit für Straf- und Zivilsachen, ferner Arbeits-, Sozial-, Finanz- und Verwaltungsgerichte. Für einen normalen Bürger ist der Verweis der Behörde auf »den Rechtsweg« oder »das Gericht« darum wenig hilfreich.

EK Und neben der »sachlichen« gibt es auch noch die »örtliche Zuständigkeit«, wie ich auch bald habe lernen müssen.

FW Das ist ganz wichtig zu wissen, denn da kann es gefährlich werden und einem teuer zu stehen kommen, wenn man sich damit nicht auskennt. Schreibt man an das falsche Gericht, kann man nicht zwingend davon ausgehen, dass die Post automatisch an das richtige, also an das zuständige Gericht weitergeleitet wird. Wenn die Stellungnahme an Fristen gebunden ist, kann das durchaus ins Auge, also ins Geld gehen.

EK Wir sollten uns an dieser Stelle klar sein, dass wir hier über normale Bürger reden, nicht von großen Un-

ternehmen, die eigene Rechtsabteilungen unterhalten oder dauerhaft Anwaltskanzleien gebunden haben. Da läuft das System Rechtsstaat wie geschmiert, wird professionell mit Schriftsätzen und Erklärungen gefochten, gedealt und geschachert.

FW Natürlich. Die Mehrheit in diesem Rechtssystem besteht aber nun einmal aus normalen Staatsbürgern, sind weder »Gesellschaften« noch »juristische Personen«, also Unternehmen. Das ist eine andere Liga.

EK Warum überhaupt ist das Juristendeutsch so unverständlich? Gut, das geschieht aus geschäftlicher Sicht.

FW Wir dürfen nicht die Geschichte der Juristerei vergessen. Die Juristen argumentierten lange Zeit auf Lateinisch, weil: Die Wurzeln der Rechtsprechung liegen im antiken Rom, wo vor nunmehr zweieinhalbtausend Jahren ein Rechtssystem entwickelt wurde, das für alle gleichermaßen galt und die Willkür beendete. Von dieser Latein-Phase haben sich noch viele Wendungen im Juristendeutsch erhalten: von »in dubio pro reo« – im Zweifel zu Gunsten des Angeklagten – bis hin zur »Causa«, dem Fall.

EK Das DDR-Recht vollzog auch sprachlich einen deutlichen Bruch mit der Vergangenheit. Da konnte man alles verstehen, auch wenn man kein Latein in der Schule hatte.

FW So ist es. Das Recht, wie es vornehmlich im BGB festgeschrieben ist, fußt wesentlich auf dem römischen Recht. Durch die Reichskammergerichtsordnung von 1495 erfuhr das »verwissenschaftlichte römische Recht« in deutschen Ländern geordnete Verbreitung. »Römisches Recht« war bis vor gar nicht so langer Zeit obligatorisches Unterrichtsfach in der Juristenausbildung. Das »Große Latinum«, das eine gute Kenntnis des Lateinischen verlangte, war lange eine Voraussetzung für das Jurastudium.
Das römische Recht wies ein hohes Maß an Abstraktion auf. Dem lag eine bestimmte Denkweise mit einer bestimmten Denkstruktur zugrunde, die sich selbstverständlich in der Sprache, vor allem in der Formulierung von Wendungen und Sätzen, niederschlug und auch heute noch lebendig ist. In besonderem Maße haben diese Denkweise und Sprache das heutige Prozessrecht beeinflusst.
Das Bürgerliche Gesetzbuch von 1896 übernahm Begriffe und Wendungen, die aus dieser Vergangenheit

rühren. Und mit dem BGB wird in der Bundesrepublik diese Rechtstradition aufrechterhalten.

EK Das geht bis in die Begriffe. Manche Worte haben in der Umgangssprache eine ganz andere Bedeutung. Zum Beispiel war eine Vorladung und eine Ladung anfänglich für mich immer dasselbe. Man wollte mich als Zeuge befragen oder so etwas, also ging ich hin.

FW Was du bei einer »Vorladung« aber nicht musst. Egal, ob du als Zeuge oder als Beschuldigter vorgeladen wirst. Gehst du nicht hin, passiert gar nichts. Außer der Tatsache, dass in den Akten vermerkt wird, dass der Vorgeladene nicht erschienen ist.
Wenn du allerdings eine »Ladung« von der Staatsanwaltschaft oder dem Gericht bekommst und nimmst den Termin nicht wahr, gibt es Ärger: Dann wirst du gemäß §§133 und 163a der Strafprozessordnung vorgeführt. Und außerdem werden dir die durch Nichterscheinen entstandenen Kosten aufgebrummt. Auch ein Ordnungsgeld ist drin, notfalls auch Ordnungshaft, im Extremfall sogar eine Beugehaft. So unterschiedlich können die Konsequenzen sein, wenn man nicht zwischen »Vorladung« und »Ladung« zu unterscheiden vermag.

EK Es nervt ja nicht nur das gestelzte, grauenhafte und damit kaum verständliche Deutsch. Gepaart mit diesem Paragrafen- und Zuständigkeitsdschungel entsteht eine vermeintliche Rechtssicherheit, die jeder normale Mensch eher als Rechtsunsicherheit empfindet. Das ist ihm alles undurchsichtig und fremd, und Fremdheit verunsichert.

FW Genau das ist das Problem! Deshalb haben wir in der DDR auch die Justiz in jeder Hinsicht entrümpelt und modernisiert. Nach 1990 wurde jedoch die Wende rückwärts vollzogen und uns Ostdeutschen der alte Krempel als Fortschritt verkauft. Das ist doch absurd. Mit dieser sachlichen Feststellung behaupte ich doch nicht, dass mit der DDR-Justiz alles zum Besten war. Natürlich gab es dort auch kritikwürdige Dinge, das weißt du doch auch.
Nur mal ein Beispiel für den aberwitzigen Rückschritt. Seit 1952 wurde in der DDR einem Geschädigten in einem Strafprozess – also einem Opfer einer Körperverletzung, eines Diebstahls, einer Unterschlagung, eines Betruges oder einer ähnlichen Straftat – ein Schadenersatz durch das Gericht zuerkannt. Mit dem Strafurteil, wenn dies rechtskräftig wurde, besaß das Opfer einen vollstreckbaren Titel. Wir betrachteten die dem Täter zuerkannte Strafe für die Tat und die Wiedergutmachung für den Geschädigten als eine Einheit. Das gehörte zusammen.
Heute aber muss der durch die Straftat Geschädigte oder Verletzte nach dem – sich oft Monate oder Jahre hinziehenden – Strafverfahren einen gesonderten Zivilprozess mit den üblichen Prozess- und Vollstreckungsrisiken anstrengen, wofür er zunächst alle Kosten (auch die für den eigenen Rechtsanwalt) vorzuschießen hat. Ob er jedoch jemals zu seinem Schadenersatz und zum Kostenausgleich kommt, steht in den Sternen.

EK So gesehen sparte unser Vorgehen Zeit und Geld.

FW Natürlich, das war alles logisch und vernünftig. Und absurde Schadenersatzforderungen, die mitunter vor BRD-Gerichten durchgesetzt werden, wären bei uns ohnehin nicht zugelassen worden. Eine Frau verklagte in Hamm einen Hundebesitzer auf 15 000 Euro Schmerzensgeld, weil sie in dessen Reitsportgeschäft über seinen schlafenden Hund gestolpert und sich am Knie verletzt hatte. Und was soll ich dir sagen: Der Richter am Oberlandesgericht Hamm gab ihr Recht.

EK Ich glaube, ein Ostdeutscher wäre überhaupt nicht auf die Idee gekommen, damit einen Anwalt zu bemühen. Nicht mal die Versicherung wäre wegen der eventuell in Mitleidenschaft gezogenen Strumpfhose angerufen worden …

FW Siehst du, allein schon darin offenbart sich der Charakter der Gesellschaft, ihr Wertekanon, das Verhältnis der Menschen untereinander und ihr Rechts- und Gerechtigkeitsempfinden. In der DDR lebten wir nicht wie in Feindesland, unterstellten wir dem Nachbarn nicht prinzipiell Böses …

EK Auch in der DDR gab es Nachbarschaftskonflikte, die mitunter vorm Kadi endeten.

FW Gewiss. Und es gab Kriminelle und Gewalttäter und Menschen, die den Staat ablehnten, ihn bekämpften oder verließen. Keine Frage: Auch die DDR-Gesellschaft war ein lebendiger Organismus mit Widersprüchen. Aber die Mehrheit teilte die gleichen Werte und sah sich nicht in Gegnerschaft zu den bestehenden politischen, juristischen oder ökonomischen Verhältnissen.

EK Wir haben nie behauptet, dass es im Sozialismus keine Kriminellen geben würde wie heutzutage bisweilen dargestellt wird, nur um zu zeigen, wie tief die Kluft zwischen Anspruch und Realität gewesen ist. Wir waren bemüht, Verhältnisse gegenseitiger Achtung und Unterstützung zu schaffen. Wer bei uns beispielsweise aus dem Gefängnis kam, wurde integriert, der Betrieb und die Brigade kümmerten sich um ihn. Die örtlichen Organe mussten ihn mit Wohnraum versorgen. Das hat nicht jedem gefallen, er fühlte sich bevormundet. Wir ließen niemanden fallen, der sozialistische Staat nahm seine Obhutspflicht ernst.

FW Eben. Wir hatten die bürgerlich-kapitalistischen Verhältnisse überwunden, wo, wie Thomas Hobbes schrieb, der Mensch dem Menschen ein Wolf ist. Eine Gesellschaft, die auf Ausbeutung und Unterdrückung gründet, ist letztlich ein Krieg aller gegen alle. So Hobbes in seiner staatstheoretischen Schrift »Leviathan«. Das war Geschichte für uns.
Und unser Vorschlags-, Eingaben- und Beschwerdewesen, das in der Verfassung von 1968 mit den Artikeln 103 bis 105 und durch Gesetz geregelt war, das Familiengesetzbuch, das Arbeitsgesetzbuch ... Wir waren nicht nur einen, sondern mehrere Schritte weiter. Im Januar 1989 wurde per Gesetz auch die Möglichkeit einer gerichtlichen Nachprüfung von ausgewählten Verwaltungsentscheidungen eingeführt. Das war zu spät und wie ich meine halbherzig.

EK Ich war daran beteiligt und sehe es inzwischen ähnlich kritisch wie du. Die Einklagbarkeit der in der Verfassung festgelegten Menschen- und Bürgerrechte gegen die Regierung und damit gegen den eigenen Staat vor einem Verfassungsgericht wurde aus ähnlichen Gründen wie die Verwaltungsgerichtsbarkeit abgelehnt. Die Grundrechte würden durch die gesamte sozialistische Staats-, Wirtschafts- und Gesellschaftsordnung garantiert, so meinten wir.

FW Egon, sei ehrlich: Die DDR stimmte damals, im Januar 1989, nur widerwillig dem Abschließenden Dokument des Wiener KSZE-Folgetreffens zu, in dem festgeschrieben war, »dass jenen Personen, die eine Verletzung ihrer Menschenrechte und Grundfreiheiten geltend machen, wirksame Rechtsmittel sowie vollständige Informationen darüber zur Verfügung stehen«, darunter »das Recht auf eine gerechte und öffentliche Verhandlung vor einem unabhängigen und unparteiischen Gericht innerhalb einer angemessenen Frist«. Der Parteiführung war diese KSZE-Bestimmung suspekt.

EK Die Sache war uns vornehmlich deshalb suspekt, weil wir vor vollendete Tatsachen gestellt worden waren. Der sowjetische Außenminister Schewarnadse hatte für alle sozialistischen Länder entschieden, ohne uns zu fragen.

FW Das war ja nun nicht unbedingt etwas Neues …

EK Du hast aber insofern Recht, als wir manche Bestimmung des Wiener Dokuments als Einladung, als Aufforderung für die politischen Gegner im Innern wie an jene im Westen, die sie unterstützten, sahen. Das Handeln von Partei und Staat der Nachprüfung durch unabhängige Gerichte zu unterwerfen, widersprach unserer Auffassung vom Recht.

FW Recht definierten wir als Ausdruck der Macht der Arbeiterklasse und des ganzen Volkes und als Instrument des sozialistischen Aufbaus. Ich sage bewusst »unserer Auffassung«, auch wenn ich nicht wie du zur »Staats- und Parteiführung« gehörte und dies anders sah. Aber ich war Mitglied der Partei und widersprach dieser Auffassung so wenig wie etwa die Kollegen Gregor Gysi oder Lothar de Maizière oder Peter-Michael Diestel.

Machen wir Schluss für heute.

Kapitel 3

Wie sauber sind die Westen im Westen?

FW Manchmal frage ich mich, woher der Hass auf die DDR rührt, die vermeintlich zweite Diktatur auf deutschem Boden. Die erste nach diesem Verständnis war die der Faschisten, das Dritte Reich. Dabei war die Nazidiktatur ein kapitalistischer Staat wie die Weimarer Republik und wie nach ihr die Bundesrepublik Deutschland. Die ökonomischen Grundlagen wurden nicht angetastet, der Drang nach Expansion blieb erhalten. Aber lässt sich alles aus dem Charakter des Kapitalismus schließen, aus dem Antikommunismus, jenem Reflex zur Abwehr »gemeingefährlicher Bestrebungen der Sozialdemokratie«, wie das unter Bismarck beschlossene Sozialistengesetz hieß?

EK Das übrigens zwölf Jahre, von 1878 bis 1890, galt – so lange also, wie auch das Tausendjährige Reich existierte, von 1933 bis 1945.

FW Wir sind uns wohl darin einig, dass allein daraus keine Analogie zu schließen ist. Wie eben auch nicht aus der Begrifflichkeit. Eine Zeitlang wurde unser Protest abgewehrt, man wolle die »beiden Diktaturen auf deutschem Boden« nur »vergleichen«, keineswegs gleichsetzen. Aber genau das war doch damit beabsichtigt. Mit Verlaub: Das deutsche Kaiserreich war mindestens gegen Ende des Ersten Weltkrieges eine reine Militärdiktatur. Darüber spricht man nicht und »vergleicht«.

EK Kurt Schumacher sprach von Kommunisten als »rotlackierten Faschisten«. Diktatur gleich Diktatur. Und weil die Leichenberge fehlten, erfanden die Antikommunisten das »Auschwitz der Seelen«, verlängerten die weiße Linie an der Selektionsrampe bis auf den Bahnsteig des Grenzübergangs im Bahnhof Friedrichstraße in Berlin …
Den Begriff »Diktatur des Proletariats« hat Karl Marx bei seiner Analyse der Pariser Kommune von 1871 kreiert. Er verstand darunter ein Instrument für die Errichtung und die Sicherung einer neuen Staatsgewalt, das den Übergang von der kapitalistischen zur sozialistischen Gesellschaft organisieren sollte.
Das war etwas ganz anderes als das, was heute in der Debatte darunter verstanden wird.

FW Da heißt »Diktatur« ausschließlich Terror, Mord, Willkür und Unterdrückung.

EK Marx hingegen sah in dieser proletarischen »Diktatur« keine Gewaltherrschaft, sondern eine »Volksherrschaft«. Und diese war für ihn die demokratischste Form der Herrschaft, weil für Marx Demokratie und Diktatur nicht einander ausschließende Gegensätze waren, sondern in einer dialektischen Beziehung zueinander standen.

FW Eben sozialistische Demokratie.

EK Ja klar. So wie heute die ökonomische und politische Herrschaft des Kapitals – also dessen Diktatur – als parlamentarisch-demokratische Republik organisiert ist, so wollten wir die ökonomische und politische Herrschaft der Arbeiterklasse – also die Diktatur des Proletariats – auf demokratische Weise organisieren. In diesem Sinne, so Lenin, sollte die Diktatur des Proletariats »millionenfach demokratischer als jede bürgerliche Demokratie« sein. Die Diktatur des Proletariats bedeutete für unsere Theoretiker also nicht die Abschaffung der Demokratie, sondern sie war sowohl die Bewahrung ihrer bürgerlichen Errungenschaften als auch deren Erweiterung und Vertiefung.
Allerdings musste ich unserem Philosophen Alfred Kosing zustimmen, als wir im Oktober 2019 auf Hiddensee darüber diskutierten. Leider sind diese theoretischen Ansätze später von den Marxisten nicht weiter ausgearbeitet worden, meinte er. In der praktischen Gestaltung der Diktatur des Proletariats in der Sowjetunion war nach seiner Auffassung ein politisches System entstanden, in dem die diktatorischen Elemente gegenüber den weit schwächeren demokratischen Elementen dominierten. Dies habe sich in der gesamten Entwicklung der Sowjetunion und ihrer Verbündeten negativ ausgewirkt. Es war zweifellos eine der Ursachen unseres Untergangs.

FW In den sechziger Jahren haben wir unser gesellschaftliches System zu reformieren und den demokratischen Rechtsstaats in der DDR auszubauen versucht. Darüber hast du doch selbst wiederholt geschrieben –

Diktatur des Proletariats bedeutet nicht Abschaffung der Demokratie, sondern eine »Volksherrschaft«, keine »Gewaltherrschaft«, sondern Bewahrung und Erweiterung bürgerlicher Errungenschaften. Egon Krenz und Alfred Kosing (1928-2020) im Oktober 2019 auf Hiddensee

ich erinnere nur an deinen dicken Band über Walter Ulbricht 2013 …

EK Unser Manko, die Differenz zwischen Anspruch und Wirklichkeit, erklärt doch nicht diesen exzessiven Hass auf die DDR? Sie wollten uns doch nicht weghaben, weil es bei uns zu wenig Demokratie gab. Das hat sie doch nur insofern interessiert, als es ihnen Argumente lieferte für die Propaganda, für die aktive Auseinandersetzung mit uns. Wie auch heute, wenn es gegen Russland oder China geht.

FW Also diesen Hass der Obrigkeit gegen Andersdenkende gab es in Deutschland doch schon lange vor der »ersten Diktatur«. Gewaltherrschaft, unsere Klassiker nannten es Klassenkampf, gibt es, seit Klassen und Schichten existieren. Du kannst bis ins frühe 16. Jahrhundert zurückgehen, als die feudale Obrigkeit von ihren Söldnern die revoltierenden Bauern abschlachten ließ. Oder nimm das 19. Jahrhundert, als der Geist der französischen Revolution auch in Deutschland rumorte. Schau dir Heine, Büchner, Lenz oder Schiller mit seinen »Räubern« an. Das Thema dort: »In tyrannos« – »gegen den Tyrannen«. Seine dramatische Frage lautete: Was ist schlimmer: Tyrannei oder Diktatur?

EK Geht das jetzt nicht ein wenig zu weit?

FW Keineswegs. Ich will – mal jenseits der Klassenfrage – auf die diktatorischen Auseinandersetzungen hinaus, die zwischen aufbegehrender Opposition und den Verteidigern der bestehenden Ordnung geführt wurden. Heine meinte bereits 1832 über die deutschen Zustände: »Nie ist ein Volk grausamer verhöhnt worden.« Büchner im Jahr darauf, also exakt hundert Jahre vor Errichtung der Nazi-Diktatur: »Weil wir im Kerker geboren und großgezogen worden sind, merken wir nicht mehr, dass wir im Loch stecken mit angeschmiedeten Händen und Füßen und einem Knebel im Munde.« Später appellierte er im »Hessischen

Landboten«: »Frieden den Hütten! Krieg den Palästen.« Dann kommen Marx und Engels, Freiligrath und Weerth und so weiter.

EK Und das Sozialistengesetz, ja. Mit diktatorischen Methoden unterdrückt die herrschende Klasse die Opposition, verteidigt ihre Macht. Und es ließen sich unzählige Beispiele finden, wie doch in angeblich »vordiktatorischer Zeit«, also in den Jahrhunderten und Jahrzehnten vor 1933, in Deutschland gegen Andersdenkende vorgegangen wurde. Preußenkönig Friedrich Wilhelm IV. ließ 1848 an die dreihundert Berliner erschießen, und auf dem Grund seines im Zweiten Weltkrieg zerstörten Schlosses errichtete die DDR den »Palast der Republik«. Und dieser Palast des Volkes, in welchem die Volkskammer, faktisch das parlamentarische Zentrum der sozialistischen Demokratie, seinen Sitz hatte – bezeichnenderweise ohne Bannmeile –, wurde von der neuen Macht abgerissen und das alte Schloss wieder errichtet. Was für eine symbolische Geste, welche unmissverständliche Demonstration von Tradition, in der sich die Bundesrepublik sieht.

FW Eine diktatorische Machtdemonstration der kapitalistischen Bundesrepublik. Was sonst.

EK Und auch ein typisches Beispiel diktatorischer Meinungsmanipulation: Der Palast wurde einzig deshalb abgerissen, wie die Medien nicht müde wurden zu verbreiten, weil so viel Asbest im Bau steckte und eine Sanierung zu teuer käme. Sie hätte angeblich 400 Millionen D-Mark verschlungen, die man nicht ausgeben wollte. Wie wir inzwischen wissen: Der Abriss kostete

Georg Büchner am 5. April 1833 in einem Brief an seine Eltern in Darmstadt: »Weil wir im Kerker geboren und großgezogen sind, merken wir nicht mehr, dass wir im Loch stecken mit angeschmiedeten Händen und Füßen und einem Knebel im Munde.«

rund 119 Millionen Euro, der Schlossneubau um die 680 Millionen Euro. Macht zusammen etwa 800 Millionen Euro, also umgerecht 1,6 Milliarden D-Mark – somit vier Mal so viel, wie eine Sanierung des Palastes gekostet hätte.

FW Aber Egon, wir wissen doch, dass sich dieser Staat, dieses System, in seinem ideologischen Eifer – nach dessen Grund ich eingangs rhetorisch gefragt hatte – einfach nicht bremsen lässt. Koste es, was es wolle! Das hat mitunter pathologische Züge, da handelt man nahezu selbstmörderisch. Nimm doch – großer Gedankensprung – die Sanktionspolitik gegen Russland oder gegen China: Man schießt sich damit vorsätzlich ins eigene Knie und überlässt der kapitalistischen Konkur-

2005: Der verwahrloste Palast der Republik kurz vorm Abriss, Objekt von Kunstinstallationen. »Zweifel« über die Notwendigkeit der Liquidierung existierten bei den Entscheidern nicht.

renz freiwillig die Geschäfte. Manchmal scheint mir, als werde die herrschende Klasse in ihrem blindwütigen Eifer geradezu von einer Todessehnsucht heimgesucht. Sozusagen der Suizid als wirksamste Waffe gegen den Untergang.

EK Nur kein Mitleid, Fritz, wobei ich die Gefahr eines Suizids nicht sehe.

FW Nein, die sehe ich auch nicht, das wird nicht passieren. Die eigentliche Gefahr für dieses System ist seine maßlose Selbstüberschätzung und der Glaube, die Welt ausschließlich nach eigenen Vorstellungen und Maßstäben gestalten zu können und zu müssen. Das hat das

2020: Dem monarchistischen Museum wurde als Alibi ein modernes »Humboldt-Forum« angefügt: eine abweisende Wand gegenüber der Stadt – statt einer gläsernen, also einer transparenten Fassade, die Einblicke erlaubte.

deutsche Kapital brutalstmöglich zwei Mal im letzten Jahrhundert versucht. Und zwei Mal ist es damit blutig und desaströs gescheitert. Jedes Mal hat man zuvor die inländische Opposition ausgeschaltet – indem man sie zuvor entweder eingebunden und einen Burgfrieden mit ihr geschlossen oder sie in Lager gesperrt und vertrieben hatte. Heute erfolgt dies alles subtiler und mit zivilen Mitteln, aber es geschieht. Mit Mitteln des Rechtsstaats. Mit Hilfe der Medien. Wir befinden uns bereits in einem Krieg, im sogenannten Informationskrieg. Früher hieß das Propaganda und Meinungsmanipulation. Desinformation, Fake News, Cyberwar, Psychokrieg, Cybermobbing klingen moderner und weniger aggressiv – sind aber weitaus gefährlicher.

In einer Zeitung las ich die Eskalationsstufen, die man im Umgang mit Russland beschreiten müsse: Appelle an die russische Führung, Reaktionen im Europarat initiieren, neue Sanktionen, Stopp von Nordstream 2 … Fehlte nur als letzte Position: Einmarsch.

EK Die sogenannten »Farb-Revolutionen, der »Arabische Frühling«, Bürgerkriege und Revolten, um die bestehende Macht zu ändern: nichts anderes als die Folge zielgerichteter Informations- und Geheimdienstangriffe. Aber nun sind wir schon wieder auf der politischen Weltbühne, unser Thema ist die Justiz.

FW Egon, alles hängt mit allem zusammen …

EK Dann muss ich auch ein Wort über unseren »Geheimdienst« verlieren, gegen den sich schon Ende 1989 die ganze Wucht der Verteufelungspropaganda richtete. Bis heute hält die Diffamierung des MfS an, bis 2030 soll die »Stasi-Überprüfung« erfolgen.

FW Ganze 251 hauptamtliche und inoffizielle Mitarbeiter des MfS wurden angeklagt, davon 87 verurteilt.

EK Das MfS war ein Verfassungsorgan der DDR, der Minister saß in der Regierung. Das Schutz- und Sicherheitsorgan war keine »politische Polizei«, es legal und notwendig, um Angriffe von außen und von innen abzuwehren.

FW Und es war erfolgreich bei der Ermittlung und der Verfolgung von Nazi- und Kriegsverbrechern.

Kapitel 4

Im Osten was Neues?

EK Ich will dir mal ein Beispiel erzählen, wie das so läuft mit der Meinungsmanipulation. Reginald Rudorf, inzwischen verstorben, studierte und lehrte in Leipzig und Halle Gesellschaftswissenschaften und wurde 1957 vom Leipziger Bezirksgericht wegen »Boykotthetze, konterrevolutionärer Tätigkeit sowie Beleidigung hoher Funktionäre der SED und der FDJ« zu einer zweijährigen Gefängnisstrafe verurteilt. Danach ging er in den Westen. Er arbeitete für verschiedene Blätter, gründete 1975 »rundy«, einen der ersten Informationsdienste für die Medienbranche. Was er über uns schrieb, muss ich dir nicht sagen. Rudorf war ein übler Hetzer. »Als Honecker ging und Krenz kam«, so schrieb er 2002 in seinem Buch »Krenzfälle«, »faxte mir das Springer-Archiv hunderte Seiten Krenz-Materialien aus allen möglichen Nachrichten- und Agentur-Archiven zu.« Daraus machte er einen verleumderischen, denunziatorischen Text. »Ich schrieb für *Bild* auf Seite 1 den Aufmacher mit der Zeile: ›Wenn Karl Marx geht und Johnny Walker kommt, beginnt der Lenz für Krenz.‹« Keineswegs frei von Stolz schrieb Rudorf zwölf Jahre später, dabei auch die Wirkung beschreibend: »Fast alle Medien vervielfältigten die Story des zuckerkranken Säufers und frauenfressenden Luxuswagen-Freaks.«

FW Diesen Dreck hat, wie ich las, Hans Modrow sogar in seiner BND-Akte gefunden, deren Herausgabe er beim Bundesverwaltungsgericht in Leipzig erstritten hatte.

EK Die Geschichte hat eine Pointe, wie du dir denken wirst.

FW Na klar, sonst würdest du sie nicht erzählen. *(Wolff kichert)*

EK Rudorf besuchte mich Anfang 1990 zu Hause in Pankow, um sich bei mir zu entschuldigen. Er war der einzige Journalist, der dies jemals tat. Mehr noch, er versuchte mich in seinem Buch auf seine Weise zu rehabilitieren. Er habe darin das »lancierte Zerrbild« von Krenz »entzerren« wollen. War selbstkritisch und gut gemeint, ich trage ihm nichts nach. Friede seiner Asche ...

FW Die publizistische Auseinandersetzung mit der DDR und Menschen wie dir, also dem Führungspersonal, gehörte zur grundsätzlichen Auseinandersetzung zwischen den beiden Systemen, für die wir die Metapher »Krupp und Krause« fanden.

EK Das war eine tolle Fernsehserie Ende der sechziger Jahre.

FW Ja. Und der Konflikt zwischen Realkapitalismus und Realsozialismus, zwischen BRD und DDR, zwischen Westen und Osten fand auch auf der juristischen Ebene statt. Es begann in der Theorie mit dem Streit um die

Rechtslage in Deutschland. Das Anfang der fünfziger Jahre erschienene Lehrbuch von Maunz hatte ich schon mal erwähnt. Und sie endete in der Praxis nicht 1990, da wurde gegen Juristen aus der DDR vorgegangen. Was aber schon früher geschah. Ein DDR-Richter, der in die Bundesrepublik gegangen war – wir nannten das damals Republikflucht – wurde 1957 vom Bundesgerichtshof wegen Rechtsbeugung verurteilt. Eine von ihm in der DDR verhängte Strafe sei zu hoch gewesen. Das war, wenn man so will, bereits ein Hinweis auf das, was Juristen aus der DDR generell blühen würde, wenn es diese DDR nicht mehr geben sollte.

EK Die sogenannte juristische Vergangenheitsbewältigung setzte bekanntlich gleich nach dem 3. Oktober 1990 ein.

FW Richtig. Als hätte man jahrzehntelang darauf gelauert.

EK Hat man das nicht?

FW Natürlich. Wobei: Die bundesdeutsche Justiz war doch auf dem Gebiet der Kommunistenverfolgung auch schon vorher aktiv. Darin folgte man der unrühmlichen deutschen Tradition und unterschied sich von allen anderen westeuropäischen Ländern. Dort wusste man den Beitrag der Linken im Widerstand gegen die faschistischen Besatzer und an deren Vertreibung zu würdigen. In der Bundesrepublik hingegen wurden sie als Vaterlandsverräter gesellschaftlich ausgegrenzt und juristisch verfolgt. Was Wunder: Die alten politischen Machtverhältnisse bestanden fort. Nach einer kurzen

Unterbrechung aufgrund der militärischen Niederlage waren die Verhältnisse erfolgreich restauriert worden.

EK Irgendwo habe ich mal gelesen, dass im Westen die Verfolgung von Nazi- und Kriegsverbrechen ab 1949 kontinuierlich sank, während in der gleichen Zeit die Verurteilung von Kommunisten zunahm.

FW Stimmt. Ich kann dir auch die Zahlen geben. Im Gründungsjahr der BRD wurden etwas mehr als anderthalbtausend Nazis angeklagt, 1950 waren es etwas mehr als neunhundert – 1955 noch ganze 21 Fälle. Hingegen wurden 1953 in 1357 Fällen Verstöße gegen §§ 49 b, 90 a, 128 und 129 des Strafgesetzbuches verfolgt.

EK Was heißt das?

FW Verunglimpfung des Staates und seiner Symbole, Bildung krimineller Vereinigungen und dergleichen. Alles noch gültige und angewandte Paragrafen aus dem Strafgesetzbuch von 1871. Der sogenannte Majestätsbeleidigungsparagraf – § 103 StGB – wurde erst 2018 gestrichen.

EK Ich erinnere mich: Das kam aufs Tapet, weil der türkische Präsident einen deutschen Satiriker wegen Beleidigung angezeigt hatte. Und plötzlich fand auch der Bundestag, dem doch so viele Juristen angehören, dass dieser Paragraf »für die Zukunft entbehrlich« sei (Angela Merkel). Er wurde ersatzlos gestrichen.

FW Allerdings regte sich kaum einer darüber auf, dass im 21. Jahrhundert noch antiquierte Strafgesetze aus dem 19. Jahrhundert galten, sondern erklärte, dieser Schritt habe das Strafgesetzbuch »verschlankt« (Süddeutsche Zeitung).

EK 1977 waren mit diesem Paragrafen in NRW Demonstranten rechtskräftig verurteilt worden, weil sie vor der chilenischen Botschaft gegen das Pinochet-Regime mit Schildern protestiert hatten, auf denen »Mörderbande« gestanden hatte. Der Botschafter hatte sich beleidigt gefühlt … Höhepunkt war das KPD-Verbot 1956. Fünf Jahre zuvor war bereits die FDJ verboten worden.

FW Alexander von Brünneck, ein Rechtswissenschaftler, hatte an der Universität Frankfurt am Main zum Thema »Politische Justiz gegen Kommunisten in der Bundesrepublik Deutschland« promoviert. Er stellte darin den Verfolgungseifer heraus. Es wurden damals schätzungsweise etwa 125 000 Bundesbürger kommunistischer Umtriebe bezichtigt und gegen sie ermittelt. Am Ende wurden sechs- bis siebentausend verurteilt.

EK Man wollte damit die Bundesbürger einschüchtern, sich nicht mit den Linken einzulassen.

FW Von Brünneck nannte dieses deutliche Missverhältnis zwischen der Zahl der Ermittlungen, der Anklagen und der Verurteilungen »ein spezifisches Merkmal der Politischen Justiz gegen Kommunisten«.

EK Das wiederholte sich doch in den neunziger Jahren. Über hunderttausend Ermittlungsverfahren gegen DDR-Bürger wurden eingeleitet.

Gegen DDR-Juristen wurden nach 1990 etwa fünfzigtausend Ermittlungsverfahren eingeleitet

FW Allein mehr als fünfzigtausend gegen DDR-Juristen. Am Ende gab es aber weniger als tausend Verurteilungen. Die Intentionen waren die gleichen wie damals: Vergeltung und Rache, Einschüchterung, Demütigung und Ausgrenzung.
In einem Beitrag zur »Politischen Justiz« erklärte 1994 die spätere Präsidentin des Bundesverfassungsgerichts Jutta Limbach, von Brünneck habe in seiner Studie »über diese Episode bundesdeutscher Justiz« festgestellt – und zwar »grob vereinfachend« –, »dass sich das gesamte politische Strafrecht jener Zeit in einer einzigen Formel zusammenfassen ließ: ›Wer sich als Kommunist betätigte, konnte bestraft werden.‹«

EK Das stimmt doch wohl.

FW Zum vollen Verständnis ist noch zu ergänzen, dass unter »Betätigung als Kommunist« bereits das Tragen einer Mai-Nelke aus Ost-Berlin, eine Trauerrede am Grab eines Kommunisten oder die Organisation von Kinderferien für westdeutsche Kinder in der DDR verstanden wurden. Limbach sprach in diesem Zusammenhang von »strafrechtlichen Exzessen« und nannte dies eine »wenig rühmliche Epoche bundesdeutscher Justiz«.

EK Soll man nun sagen: immerhin? Oder sie selber zitieren: »Im Nachhinein ist man klüger«? Das hat doch weniger mit Klugheit zu tun, sondern mit dem antikommunistischen Charakter dieser Gesellschaft. Den Antikommunismus nannte Thomas Mann schon 1943 die »Grundtorheit unserer Epoche«.

FW Ach, das sind doch keine dummen Leute, die wissen doch, was sie tun. Und sie sind doch auch ehrlich. Kannst du dich noch an Werner Maihofer erinnern?

EK Der war doch in den siebziger Jahren unter Helmut Schmidt Bundesinnenminister.

FW Genau. Er war auch ordentlicher Professor für Rechts- und Sozialphilosophie, Strafrecht und Strafprozessrecht an der Universität in Saarbrücken. Der meinte 1964, dass die Zahlen der Ermittlungsverfahren gegen Kommunisten »einem ausgewachsenen Polizeistaat alle Ehre machten«.

EK Ist dir jemals ein Fall zu Ohren gekommen, dass man die Opfer bedauert, sich bei ihnen entschuldigt oder ihnen gar eine Entschädigung für erlittenes Unrecht zugesprochen hätte – wie etwa den »Opfern des SED-Unrechtsregimes«?

FW Nein. Darum kämpft seit 1988 eine Initiative für die Rehabilitierung der Opfer des Kalten Krieges. Mein westdeutscher Kollege Heinrich Hannover, der seit Mitte der fünfziger Jahre solche Menschen in juristischen Verfahren verteidigte, kam später darauf wiederholt zu sprechen. »Ich hatte Hoffnung auf Gerhard Schröder *(SPD, von 1998 bis 2005 Bundeskanzler – d. Verl.)* gesetzt, der auch einige Erfahrungen als Strafverteidiger in politischen Prozessen gesammelt hat. Ich habe mit ihm auch gemeinsam verteidigt. Aber als ich ihn daran erinnert und um seine Initiative zur Rehabilitierung der auf westlicher Seite produzierten Justizopfer des Kalten Krieges gebeten habe, ließ er mir durch einen Ministerialbeamten mitteilen, dass bei uns alles rechtsstaatlich zugegangen sei.«

EK Von Heinrich Hannover kenne ich auch den ironischen Hinweis auf den Umgang mit den DDR-Funktionären, die vor bundesdeutsche Gerichte gezerrt wurden: »Aus der Sicht von Richtern, die westlichem Herrschaftsdenken verpflichtet sind, wäre von den Verantwortlichen der DDR natürlich zu erwarten gewesen, dass sie für einen schnelleren Zusammenbruch der DDR gesorgt hätten.« Und da wir das nicht getan hatten, hatten wir in ihren Augen Schuld auf uns geladen. Ist das nicht absurd?

FW Inzwischen räumt selbst die Bundeszentrale für Politische Bildung ein, dass »mit dem sogenannten Adenauer-Erlass vom 19. September 1950« die Strafverfolgung von Mitgliedern einer von der Bundesregierung als verfassungsfeindlich eingestuften Organisation vom Antikommunismus diktiert worden sei. Zwar

Alles, was in der Bundesrepublik in den fünfziger Jahren geschah (laut Bundeszentrale für Politische Bildung wurde ein System von Repression und Verfolgung zur lückenlosen Unterdrückung jeglicher Form kommunistischer Betätigung geschaffen), wiederholte sich nach 1990 bei der Verfolgung der DDR-Bürger.

habe sich dieser Erlass »sowohl gegen rechts- als auch gegen linksextreme Gruppen« gerichtet, »Hauptziel des Erlasses waren jedoch kommunistische oder kommunistisch geprägte Vereinigungen«.

Und nun zitiere ich eine ganze Passage, die bemerkenswert offen und zutreffend ist: »In ihrem politischen Kampf gegen den Kommunismus sowie dessen Unterstützer und Sympathisanten stützte sich die Bundesrepublik auch auf strafrechtliche Methoden. Sie reformierte ihr politisches Strafrecht und führte alte Straftatbestände aus der Weimarer Republik und der Zeit des Nationalsozialismus, die die Besatzungsmächte nach dem Zweiten Weltkrieg außer Kraft gesetzt hatten, wieder ein. Als wirksamstes Mittel im Kampf gegen den Kommunismus erschien die präventive Abwehr der kommunistischen Gefahr. Es wurde ein System aus Repression und Verfolgung geschaffen, das die lückenlose Unterdrückung jeglicher Form kommunistischer Betätigung ermöglichte.«
Das schreibt die Bundeszentrale für politische Bildung, eine dem Innenministerium nachgeordnete Behörde.

EK Sie geben damit also zu, was sie in der Vergangenheit taten (und was wir schon damals benannt und entschieden bekämpft hatten) – tun nun aber so, als habe dies nichts mit der Gegenwart zu tun. Als läge das alles lange hinter uns.

FW Alles, was damals die politische Justiz der BRD gegen Kommunisten praktizierte, wiederholte sich nach 1990 bei der Verfolgung der DDR-Bürger. Es war, nach dem Radikalenerlass der Brandt-Regierung, die dritte Welle der Kommunistenverfolgung nach dem Krieg.

EK Wobei, das sollten wir nicht unerwähnt lassen, die DDR nur aus der Sicht des Westens ein »kommunistischer Staat« war. Davon waren wir Lichtjahre entfernt.

Diese Etikettierung diente nicht nur der Diskreditierung einer politischen Weltanschauung, sondern eben auch der massiven Ablehnung des staatlich organisierten Gegenentwurfs zum eigenen System.

FW Diese Praxis hatte sich aber keineswegs erledigt, als wir untergingen. Im Gegenteil: nun war alles möglich, da organisierte Gegenwehr nicht zu erwarten war.

EK Allenfalls mit Hilfe von Rechtsanwälten ... Du weißt ja, wie oft ich mich gegen Anschuldigungen, Beleidigungen und Unterstellungen zur Wehr habe setzen müssen. Wobei ich oft dabei den Anlass nutzte, den Verleumdern die eigene Vergangenheit unter die Nase zu reiben. Oft trat man nach, wenn ich mich beispielsweise einem Interview verweigert hatte. Das wurde als Überheblichkeit oder aber als indirektes Schuldeingeständnis dargestellt. Dabei ging es in den meisten Fällen nur darum, das Feigenblatt zu liefern: Seht her, wir haben auch mit der anderen Seite gesprochen, wir sind plural und offen.

FW Wobei, Egon, in den letzten Jahren scheint mir das ein wenig nachgelassen zu haben. Wenn ich mich an die Reaktion in den Medien bei deinem letzten Buch »Wir und die Russen« erinnere, schien man vergleichsweise offen und objektiv zu sein.

EK Teils, teils. Aber du hast Recht, immer mehr Journalisten bemühen sich inzwischen um Sachlichkeit. Es wächst eine neue Generation heran, die nicht mehr wie wir die volle Härte des Kalten Krieg kennengelernt hat.

SPANISH POLITICS
Divided Spain set for election
Pedro Sánchez's options for staying in power don't look any easier this time around 5

CANNABIS
Miracle cure or all hype?
For many doctors, weed has work to do if it wants to be taken seriously as a treatment 6

FORUM
Britain's new left-behinds
The UK's general election will be decided by millions of undecided moderates 21

POLITICO

POLITICO.EU
NOVEMBER 7-13, 2019
VOLUME 5, NUMBER 36

MONETARY POLICY
Can Lagarde avoid politics?
Critics fear for the ECB's independence 14

UK IGNORES WARNINGS OF DIGITAL ELECTION MEDDLING

Despite repeated calls for new electoral rules, British politicians and regulators are dragging their feet

BY MARK SCOTT
IN LONDON

As the U.K. general election gets underway, the government has done little to protect voters from malicious and foreign influence online.

Despite a slew of warnings from regulators and politicians, British ministers have not acted to fix vulnerabilities in the U.K.'s antiquated electoral laws. That has raised fears that the December 12 poll will once again be marred by clandestine digital political interference.

"We have to expect that the current system will remain broken," said Damian Collins, the Conservative MP who chairs the U.K. parliament's digital committee that is investigating online disinformation. "Shadowy campaign groups that support different interests, but are not officially connected to any one political party, will make themselves heard online."

The failure to act, according to several U.K. politicians, civil servants and regulators who spoke to POLITICO, stems from widespread concern that any revamp of electoral rules could bring up uncomfortable questions about the legality of the 2016 Brexit referendum. They also warned the country's pending departure from the European Union had overshadowed almost all other policymaking, including the need to update the U.K.'s electoral rules for the digital age.

Many of the officials spoke on the condition of anonymity because of the sensitivity of the ongoing regulatory push to update the country's electoral rules.

The previous government had recognized that urgent action was needed to shore up the U.K.'s democracy, and in her final days in No. 10 Downing Street, Theresa May decided it was time to get tough.

In some of the most aggressive plans announced anywhere in the Western world, London said it wanted to clamp down on online abuse and digital election interference.

The proposals, published in early May just before the Conservative prime minister announced her resignation, included going after those who bullied others online; boosting transparency efforts when groups bought digital political ads; and re-

SEE MEDDLING ON PAGE 23

THE LAST EAST GERMAN

BY MATTHEW KARNITSCHNIG
IN BERLIN

Egon Krenz is sure he's been here before.

Standing in the vast lobby of the landmark Hotel de Rome in central Berlin, the last leader of the German Democratic Republic turns in frustration to a passing employee. "What was this place?" he asks the young woman.

Unaware of who Krenz is, she explains that it was originally a private bank and the central bank of the GDR, the communist East German dictatorship created by the Soviet Union after World War II.

"I didn't come here very often," he confides to me, flashing his trademark toothy grin.

It's been a long time since Krenz, 82, roamed the streets of East Berlin's former government quarter, where he spent most of his political career, rising through the ranks of East Germany's communist apparatus as the crown prince of the GDR's long-time leader, Erich Honecker.

SEE EGON KRENZ ON PAGE 22

Egon Krenz has a simple message: 'I told you so'

ILLUSTRATION BY [illegible] FOR POLITICO

Titelseite von »Politico«, einer in Washington erscheinenden einflussreichen Wochenzeitung, Ausgabe vom 7.–13. November 2019

Jetzt stocke ich mit meiner Bemerkung, denn der Kalte Krieg ist ja nie zu Ende gegangen. Was wir jetzt erleben, ist Kalter Krieg pur. Es wächst sogar die Gefahr eines heißen Krieges.
Aber zurück zu jener Episode, die ich erzählen will. Der NDR hatte in einem Panorama-Beitrag über einen »Mauerschützen-Fall« aus dem Jahr 1987 kommentiert: »Hier hatte Lutz Schmidt gelebt, bevor er abgeknallt wurde wie ein Hase auf der Jagd.«

FW Schon 1976 hatte der ARD-Korrespondent Lothar Loewe in der *Tagesschau* erklärt, an der Grenze werde »auf Menschen wie auf Hasen« geschossen. Deshalb wies die DDR ihn aus. Die Anspielung war eindeutig.

EK Natürlich. Sie suggerierte, als hätten unsere Grenzsoldaten nur auf der Lauer gelegen und sich einen zynischen Spaß daraus gemacht, Leute abzuschießen, um dafür anschließend belobigt zu werden. Ich will hier nicht wiederholen, was ich vor Gericht und auch an anderer Stelle wiederholt betont habe, dass unsere Grenzer gemäß dem geltenden Recht handelten und es keinen Schießbefehl gab, sondern eine Waffengebrauchsbestimmung wie auch in der Bundesrepublik.
Ich erinnere an die Toten an der deutsch-belgischen Grenze, die an der sogenannten »Aachener Kaffeefront« von BRD-Zöllnern erschossen worden waren. Ich hatte mich im Juni 2009 beim *NDR* mit diesem Hinweis beschwert – erstaunlicherweise griff drei Monate später der *Spiegel* eben dieses Thema auf. »Zwischen 1946 bis 1952 seien 31 Schmuggler und zwei Zöllner erschossen worden«, hieß es dort. »Es habe zudem mehr als hundert Schwerverletzte auf beiden Seiten gegeben.«

FW 1961 hatte der Bundestag das »Gesetz über den unmittelbaren Zwang bei Ausübung öffentlichter Gewalt durch Vollzugsbeamte« beschlossen. Dort war der Schusswaffengebrauch gegen Personen (§ 11) und an der Grenze (§ 12) geregelt. Das Grenzgesetz der DDR war nahezu identisch.

EK Der *Spiegel* schrieb also im Frühherbst 2009: »So starb 1948 der 16-jährige Heinz Bertram an den Folgen eines Schulterschusses, der seine Schlagader anriss, 1951 wurde eine 36-jährige Frau erschossen – obwohl sie keine Schmuggelware bei sich hatte. Ein Jahr später tötete ein Zollbeamter einen 18-jährigen Pferdepfleger, der zwei Warnschüsse ignoriert hatte, mit einem Kopfschuss – bei sich trug er Schmuggelware im Wert von 60 Mark. Ein Gericht bescheinigte dem Todesschützen später, er habe ›nach Dienstvorschrift‹ gehandelt.« Keiner der Grenzbeamten ist wegen fahrlässiger oder gar vorsätzlicher Tötung angeklagt und verurteilt worden. Dem staatlichen Interesse der Bundesrepublik, die Grenzen zu kontrollieren und zu schützen und unerlaubte Grenzübertritte notfalls mit Waffengewalt zu verhindern, wurde Vorrang vor dem Lebensrecht des Einzelnen eingeräumt. Das Aachener Zollmuseum erklärte übrigens 2016 nach Auswertung bislang unbeachteter Quellen: »Von 1947 bis 1964 gab es im Raum Aachen mehr Tote als an jedem anderen deutschen Grenzabschnitt.«
Nun sind wir uns einig, dass jeder Tote – egal, an welcher Grenze – ein Toter zu viel war und ist. Gleichwohl gilt der Grundsatz: gleiches Recht für alle.

FW Er sollte gelten. Was es nicht tat. Für die Grenzsoldaten der DDR galt es so wenig wie für dich. Deshalb haben sie dich ja auch zu sechseinhalb Jahren wegen angeblichen Totschlags in vier Fällen verurteilt. Das alles lag auf der Linie, die der seinerzeitige Bundesjustizminister Klaus Kinkel auf dem Deutschen Richtertag 1991 ausgegeben hatte: »Sie, meine Damen und Herren, haben als Richter und Staatsanwälte bei dem, was noch auf uns zukommt, eine ganz besondere Aufgabe.« Der Rechtsstaat müsse sich als fähig erweisen, »mit dem fertig zu werden, was uns das vierzigjährige Unrechtsregime in der früheren DDR hinterlassen hat«. Er baue auf die deutsche Justiz. »Es muss gelingen, das SED-System zu delegitimieren, das bis zum bitteren Ende seine Rechtfertigung aus antifaschistischer Gesinnung, angeblich höheren Werten und behaupteter absoluter Humanität hergeleitet hat.«
Und Kinkel war sich durchaus eines Problems bewusst, was er auch benannte: »In ihre Rechtsprechung habe ich großes Vertrauen. Der Gesetzgeber kann aus rechtsstaatlichen Gründen wegen des Problems der Rückwirkung nicht tätig werden.«

EK Genau, das Rückwirkungsverbot. Das wurde mit Hilfe der Richter – auf deren Traditions- und Rechtsverständnis Kinkel und seine politische Klasse setzten – aufgehoben, außer Kraft gesetzt. Und wenn das Recht nicht passte, wurde es passend gemacht. Ach, das sind alles bittere Schlachten von gestern.

FW Sie werden irgendwann zur Sprache kommen …

EK Nach der nächsten »Wende«?

FW Vorher. Die »Aufarbeitung der Aufarbeitung« hat bereits begonnen. Da und dort erst, vorsichtig und tastend. Umso lauter kläffen jene, die fürchten, ihre Deutungshoheit zu verlieren.

EK Sag mal, du hast Mitte Dezember 1989, also noch zu DDR-Zeiten, Erich Honecker als Mandanten übernommen.

FW Ja. Trotz Ausschluss aus der SED war er unverändert mein Genosse. Für Manöver, mit denen offensichtlich eigenes politisches Überleben auf Kosten anderer gesichert werden sollte, hatte ich nichts übrig, gleich, ob sie von »Stalinisten« oder »Reformern« ausgeführt wurden. Honecker hatte für seine politische Überzeugung mehr gelitten und mehr Beweise erbracht als die meisten anderen 2,3 Millionen Mitglieder der SED. Er brauchte einen Verteidiger. Wie hätte ich seine Verteidigung ablehnen können, ohne die Selbstachtung zu verlieren, wenn seine Wahl auf mich fiel? Gab es eine größere Herausforderung für einen Verteidiger in der DDR, als denjenigen zu verteidigen, der über Nacht vom ersten Mann im Staat zum größten Verbrecher im Staat gemacht wurde, von denselben »Genossen«, die ihm früher nach dem Munde geredete hatten? Das reizte mich. So nicht, sagte ich. So nicht!

EK Dafür unverändert meinen Respekt. Ich sehe das ebenso. – Du hast selbst einmal gesagt, dass man als Verteidiger immer eine angemessene Distanz zu seinem Mandanten haben müsse. Nur mit dem richtigen Abstand sei der Verteidiger in der Lage, Stärken und Schwächen der Position des Mandanten zu erkennen, um daraus die entsprechenden Schlüsse für dessen Verteidigung zu ziehen. Wie war es in diesem Falle?

FW Die Situation war eine gänzlich andere. Die DDR war nicht mehr, was sie war. Es entstanden unterschiedliche, sich bekämpfende Parteien, aus einem »monolithischen« Staat wurde ein pluralistischer. Die Verteidigung eines politischen Angeklagten erforderte einen Verteidiger, der politisch nicht auf »der anderen Seite« stand. Meine Situation glich jetzt jener, in der sich etwa Friedrich Karl Kaul früher in der BRD befunden hatte.

EK Aber du hast mir doch am 29. Oktober 1989 in einem Brief geschrieben und deutlich gefordert, dass alle »Genossen, die in dieser Stunde zu einer Belastung für unsere Partei und unseren Staat geworden sind, dem Beispiel des Genossen Honecker folgen und zurücktreten« sollten.

FW Egon, da musst du dich irren, ich habe keinen solchen Brief geschrieben. Jedenfalls kann ich mich nicht daran erinnern. Unabhängig davon: Ja, auch ich hätte für den Rücktritt von Honecker gestimmt, wenn ich dem ZK oder dem Politbüro angehört hätte. Aber als Anwalt hielt ich eine scharfe Trennung zwischen der politischen und der strafrechtlichen Verantwortung für erforderlich. Dennoch betrachtete ich den Parteiausschluss Erich Honeckers und anderer führender Genossen als eine moralisch und politisch ungerechtfertigte sowie übereilte Maßnahme. Es war für mich während der ganzen Dauer meines Mandats notwendig, das Vertrauensverhältnis zu meinem Mandanten nicht durch politische Diskussionen über die Politik der SED im Allgemeinen, des Politbüros und des Generalsekretärs im Besonderen zu gefährden. Ich habe deswegen solche Diskussionen weitgehend vermieden. Auch bei Erich Honecker habe ich ein solches Bemühen verspürt.

EK Was wurde ihm von der DDR-Justiz konkret vorgeworfen?

FW Ich erhielt erst am 17. Januar 1990 Akteneinsicht. Die Einleitung des Ermittlungsverfahrens, unterzeichnet von einem Abteilungsleiter in der Generalstaatsanwaltschaft, der die Verfügung »im Auftrag« gezeichnet hatte, lautete: »Erich Honecker ist verdächtig, seine Funktion als Vorsitzender des Staatsrats der DDR und seine angemaßte politische und ökonomische Macht als Generalsekretär des ZK der SED missbraucht zu haben, indem er, teils im Zusammenwirken mit anderen Mitgliedern des damaligen Politbüros, entgegen seinem auf die Verfassung der DDR gerichteten Eid ungerechtfertigte umfangreiche Privilegien für Mitglieder der ehemaligen Partei- und Staatsführung schuf und dadurch der Volkswirtschaft der DDR und dem sozialistischen Eigentum schwersten Schaden zufügte. Ferner ist er verdächtig, seine Verfügungsbefugnisse als Generalsekretär des ZK der SED zum Vermögensvorteil für sich und andere missbraucht zu haben. Verbrechen strafbar gemäß §§ 165 (1) (2) Ziff. 1, 161 a, 162 (1) Ziff. 1 StGB.«

EK Einfach irre!

FW Ja, deshalb wünschte Honecker, dass ich ihnen entschieden entgegentrat und verstand nicht, als ich sagte,

Berlin, 14. 12. 1989

Untersuchungsschwerpunkte
im Ermittlungsverfahren gegen Honecker, Erich (fortlaufend zu vervollständigen)

Ausgehend von den Ausgangsmaterialien und den der Einleitung des Ermittlungsverfahrens zugrunde liegenden und in der Akte enthaltenen Materialien ergeben sich zum gegenwärtigen Zeitpunkt folgende Schwerpunkte:

1. Entscheidungen (als Genralsekretär bzw. 1. Sekretär des Politbüros des ZK der SED oder in der Eigenschaft als Staatsratsvorsitzender) als Einzelperson oder Kollektiv, die sich auf die Verwendung finanzieller (DDR-Mark, Valutabeträge) oder materieller Fonds aus VE zur persönlichen Aneignung oder Nutzung beziehen und rechtswidrig waren, da sie gegen Verfassung, Gesetz über den Ministerrat u. a. gesetzliche Bestimmungen zum Umgang und Schutz sozialistischen Eigentums verstießen
   Dabei Herausarbeitung solcher Fragen, wie
   - Übertragung entsprechender grundsätzlicher Aufgaben zur Bereitstellung von Mitteln durch das MfS und entsprechender Aufträge an Minister Mielke (welche Befugnisse konnte Mielke daraufhin wahrnehmen)
   - Welche Rechte räumte Honecker den Mitgliedern u. Kandidaten des Politbüros u. a. Personen bezüglich Auslösung von Aufträgen zur Erlangung von Mitteln aus dem sozialistischen Eigentum einschließlich Valutamittel ein?
   - in diesem Zusammenhang liegt die "Direktive des Politbüros für die Ordnung in der Waldsiedlung vom 12. 1. 1972, unterzeichnet von E. Honecker, als Kopie vor
   - dazu müßte insbesondere Mielke Aussagen machen
   - Prüfung der generellen Rechte- und Pflichtenlage bei Honecker (insbesondere aus Verfassung)

Dem ermittelnden Kriminalisten Ralf Romahn wurden am 14. Dezember 1989 diese »Untersuchungsschwerpunkte im Ermillungsverfahren gegen Honecker, Erich« von der DDR-Staatsanwaltschaft vorgegeben wir müssten erst die Ergebnisse weiterer Ermittlungen abwarten. Er hatte bereits selber beim Generalstaatsanwalt der DDR Anzeige »wegen öffentlicher Verleumdung und der Beschuldigung der Korruption« Anzeige erstattet. Und in einem dreizehnseitigen Schreiben an die Zentrale Parteikontrollkommission hatte er am 1. Dezember erklärt: »Ich war und bin für eine Erneuerung von Partei und Gesellschaft, wie es im Aktionsprogramm gefordert wird, habe aber zunehmend Zweifel, ob dieser Prozess in die richtige Richtung läuft. Ich habe den Eindruck, dass Kräfte wirksam werden, die einen regelrechten Vernichtungsfeldzug gegen unsere Partei, unseren souveränen Staat, gegen die Volkspolizei und andere Sicherheitsorgane führen. Es gibt Erscheinungen des rücksichtslosen Vorgehens gegen Kader der Partei und der Zerschlagung großer Teile ihres Apparates. Ich hoffe dennoch, dass es unserer Partei gelingen möge, im Verein mit allen gutwilligen Bürgern dieses Landes, das Errungene zu bewahren.«

EK Mit zeitlichem Abstand muss man sagen: Sein Eindruck war nicht ganz falsch. Ich selbst war Anfang Dezember von allen meinen Funktionen zurückgetreten und erfuhr nun aus der Zeitung, dass jetzt der Vorwurf auf Hochverrat gemäß § 96 StGB der DDR lautete.

FW Ja. Der sogenannte Amtsmissbrauch erschien der öffentlichen Meinung, den Politikern und den Strafverfolgern als Vorwurf nicht mehr ausreichend. Die Schuld Honeckers war für sie erwiesen, es fehlte nur der richtige Paragraf. Der wurde gesucht und schließlich – so glaubte man wenigstens – gefunden. Der am 11. Januar 1990 neu ernannte Generalstaatsanwalt

Dr. Hans-Jürgen Joseph, der dem kurzzeitig amtierenden Harri Harland nachgefolgt war, verkündete diese Erkenntnis persönlich vor der 15. Tagung der Volkskammer: »Die Staatsanwaltschaft konzentriert sich auf folgende Ermittlungskomplexe: 1. Hochverrat und andere Staatsverbrechen; 2. Schwere Eigentums- und Wirtschaftsverbrechen.« Angesichts dieses neuen, viel schwereren Vorwurfs konnte der so Beschuldigte nicht länger auf freiem Fuß bleiben. Der Generalstaatsanwalt beschloss Honeckers Festnahme. Dieser befand sich inzwischen zu einer überfälligen Operation in der Charité. Du kennst die Bilder, als er mit versteinertem Gesicht, aber erhobenen Hauptes am Morgen des 29. Januars die Charité verließ.

EK Ausgerechnet aus dem Westen kam die Kritik. Willy Brandt äußerte laut einer *Reuters*-Meldung, er habe »manchmal ein ungutes Gefühl, wenn viele, die auch im alten SED-Regime immer dabeigesessen hätten, sich nun zum Richter aufspielten, um ihre eigenen Fehler vergessen zu machen«. Lothar Loewe schrieb in der Berliner *Bild* unter dem Titel: »Honecker – Gnade vor Recht« am 30. Januar: »Auf Honeckers Konto gehen auch Akte der Menschlichkeit, die wir nicht vergessen sollten. Der Deutsche Erich Honecker verdient Haftverschonung.«

FW Zur Ehre der Richter des Stadtbezirksgerichts Mitte und des Stadtgerichts muss jedoch festgestellt werden, dass der beantragte Haftbefehl gegen Erich Honecker nicht erlassen wurde. Der Direktor des Stadtbezirksgerichts Mitte, der 1996 bei einem Flugzeugunglück tragisch ums Leben gekommene Richter Uwe Weitzberg,

unter Decknamen im Asyl

…hrung ihre Haltung zu ehemaligen SED-Oberen geändert?

Wie krank ist Honecker (hier beim Verlassen der Charité Anfang 1990) wirklich? *Foto: ZB*

wahren Aufenthaltsort Honeckers abzulenken". In dieser Meldung … bensjahre in einem anderen Land zu verbringen, so sehe ich keinen

An der Seite seiner Frau Margot verlässt der verhaftete Erich Honecker am Morgen des 29. Januar 1990 erhobenen Hauptes die Charité, wo er kurz zuvor operiert worden war. Von dort wird er nach Rummelsburg gebracht, wo ihn Kriminaloberrat Ralf Romahn vernimmt. Den Auftrag hatte er vom Stellvertretenden Generalstaatsanwalt Prof. Lothar Reuter erhalten. Reuter ist seit zwei Wochen »Leiter der Untersuchung zur Aufklärung von Straftaten der ehemaligen Staats- und Parteiführung«. Romahn soll Beweise beibringen, dass Honecker »planmäßig und systematisch die Verfassungsordnung der DDR als grundlegenden Bestandteil der Staatsordnung untergraben« hat.

wies den Antrag des Generalstaatsanwalts ab, da der Gesundheitszustand des Beschuldigten eine Inhaftierung verbiete. Das Stadtgericht wies auch die gegen diese Entscheidung eingelegte Beschwerde des Generalstaatsanwalts zurück.

EK Vorreiter für Honeckers Verurteilung in der BRD war übrigens der SPD-Vorsitzende Jochen Vogel. Ausgerechnet jener westdeutsche Politiker, der das Privileg besaß, jährlich mit Honecker zu einem persönlichen Gespräch zusammenzutreffen. Im April 1989 hatte er sich von Honecker mit den Worten verabschiedet: »Ich wünsche Ihnen beste Gesundheit, damit Sie noch viele Jahre im Interesse deutsch-deutscher Beziehungen an der Spitze Ihres Staates stehen können.« Konservative Politiker hielten sich mit solchen Wünschen eher zurück.

FW Der Bundestagsabgeordnete Rupert Scholz, bis Frühjahr 1989 Bundesverteidigungsminister, ein Jurist, gab am 30. Januar 1990 in einem Beitrag in der Welt der Staatsanwaltschaft den Hinweis, in welche Richtung die Strafverfolgung zukünftig gehen soll: »Die wahren Vergehen waren Unterdrückung, Terror, Schießbefehl.« So kam es, dass zum Schluss von allen Vorwürfen, die ursprünglich unter dem Stichwort »Regierungskriminalität« erhoben wurden, nur die Prozesse wegen der Schüsse an der Mauer übrig blieben. Das Urheberrecht an dem Totschlagsvorwurf sollte diesem Rupert Scholz nicht bestritten werden. Generalstaatsanwalt Christoph Schaefgen – der bei *Wikipedia* als »ehemaliger Generalstaatsanwalt für kommunistische Verbrechen in der ehemaligen DDR« firmiert – wollte es gern den DDR-Staatsanwälten zuschreiben, um behaupten zu können:

»Es war die DDR, die die Bestrafung wegen der Schüsse an der Mauer forderte!«

EK Honecker musste die chilenische Botschaft in Moskau auf Druck Russlands Ende Juli 1992 verlassen und wurde an Deutschland ausgeliefert. Man fuhr ihn direkt vom Flughafen ins Moabiter Gefängnis, in welchem er schon bei den Nazis als Antifaschist gesessen hatte.

FW Als ich ihn an jenem 29. Juli aufsuchte, musste ich mir einen Weg durch eine aufgehetzte Menschenmenge bahnen. Jene, die mich erkannten, brüllten: »Wer einen Verbrecher verteidigt, ist selbst ein Verbrecher!« Im Gegensatz zu meinem Mandanten war ich noch nie zuvor in Moabit gewesen.

EK Es war der Abend vor deinem 70. Geburstag.

FW Stimmt. Und Honecker beging am 25. August seinen 80. hinter Gittern. Alle Bemühungen seiner drei Verteidiger – Nicolas Becker, Wolfgang Ziegler und mir –, ihm dieses unsinnige Verfahren zu ersparen, liefen ins Leere. Am 12. November eröffnete vorm Landgericht Richter Bräutigam planmäßig, pünktlich und scheinbar unbeeindruckt die Hauptverhandlung des ganz normalen und unpolitischen Totschlagsprozesses. Nach 45 Minuten war alles vorbei, zur Sache war man nicht gekommen. Keine Sensation, keine Erkenntnisse, viel Lärm um nichts. Die anwesenden zweihundert Journalisten hatten keinen Stoff. Am nächsten Tag las ich in der *Berliner Zeitung* unter der Überschrift »Es lebe der Unterschied«: »Am Montag dieser Woche erhob sich das politische Berlin im alten Reichstag von

Auf der Anklagebank im Kriminalgericht Moabit: links Erich Mielke, rechts Erich Honecker, neben ihm sein Verteidiger Friedrich Wolff

seinen Sitzen. Es galt, einen neuen Ehrenbürger der Bundeshauptstadt zu feiern. Michail Gorbatschow badete im Jubel der politischen Klasse. Am Donnerstag erhoben sich die Zuschauer und Prozessbeobachter im Kriminalgericht Moabit. Erich Honecker, ein alter Ehrenbürger der Hauptstadt der DDR, stand vor seinem irdischen Richter«, schrieb Erich Böhme. »Und so geht die Geschichte zu Ende: Berlin hat einen neuen Ehrenbürger und Moabit einen neuen Häftling. Vergangenheitsaufarbeitung auf gut Deutsch: per Ehrenbürgerbrief und Anklageschrift.«

EK Am 3. Dezember 1992 hat Erich Honecker eine bemerkenswerte Erklärung vor Gericht abgegeben.

FW In der Tat. Er sprach klar, fest und getragen von einer unerschütterlichen Überzeugung. Keine Zeichen von Schwäche, Krankheit oder gar Todesnähe waren auszumachen *(Siehe Erklärung im Anhang S. 167 – d. Verl.)*. »Meine Damen und Herren, ich werde dieser Anklage und diesem Gerichtsverfahren nicht dadurch den Anschein des Rechts verleihen, dass ich mich gegen den offensichtlich unbegründeten Vorwurf des Totschlags verteidige. Verteidigung erübrigt sich auch, weil ich Ihr Urteil nicht mehr erleben werde. Die Strafe, die Sie mir offensichtlich zudenken, wird mich nicht mehr erreichen. Das weiß heute jeder. Ein Prozess gegen mich ist schon aus diesem Grunde eine Farce. Er ist ein politisches Schauspiel.« Und er schlug, wie wir heute im Gespräch auch wiederholt, einen Bogen in die Vergangenheit. »Meine Situation in diesem Prozess ist nicht ungewöhnlich. Der Deutsche Rechtsstaat hat schon Karl Marx, August Bebel, Karl Liebknecht und viele andere Sozialisten und Kommunisten angeklagt und verurteilt. Das Dritte Reich hat dies mit den aus dem Rechtsstaat der Weimarer Republik übernommenen Richtern in vielen Prozessen fortgesetzt, von denen ich selbst einen als Angeklagter erlebt habe. Nach der Zerschlagung des deutschen Faschismus und des Hitlerstaates brauchte die BRD nicht nach neuen Staatsanwälten und Richtern zu suchen, um erneut Kommunisten massenhaft strafrechtlich zu verfolgen, ihnen mit Hilfe der Arbeitsgerichte Arbeit und Brot zu nehmen und sie mit Hilfe der Verwaltungsgerichte aus dem öffentlichen Dienst zu entfernen oder sie auf andere Weise zu verfolgen.

Nun geschieht uns das, was unseren Genossen in Westdeutschland schon in den fünfziger Jahren geschah. Es ist seit ca. 190 Jahren immer die gleiche Willkür. Der Rechtsstaat BRD ist kein Staat des Rechts, sondern ein Staat der Rechten.«

EK Ich finde seine Feststellung unverändert gültig: »Dieser Prozess ist so politisch, wie ein Prozess nur sein kann. Wer das leugnet, der irrt nicht, sondern der lügt.«

FW Er machte auch auf die Heuchelei aufmerksam. »Man nennt die heute Verbrecher, die man gestern ehrenvoll als Staatsgäste und Partner in dem gemeinsamen Bemühen, dass nie wieder von deutschem Boden ein Krieg ausgeht, begrüßt hat. Auch das soll mit Politik nichts zu tun haben. Man klagt Kommunisten an, die, seit sie auf der politischen Bühne erschienen sind, immer verfolgt wurden, aber heute in der BRD hat das mit Politik nichts zu tun.«

EK Das erinnert an Herbert Wehner und an dessen Satz, den er damals in Pankow gebraucht hat: »Wer einmal Kommunist war, den verfolgt die gesittete bürgerliche Gesellschaft bis zu seinem Lebensende.«

FW Wir wissen doch, wie sich die Besucher aus Bonn um einen Fototermin bei Honecker bemühten, wie sie ihm 1987 beim Staatsbesuch in der Bundesrepublik den roten Teppich ausrollten. Mit allem Recht erinnerte Honecker daran und stellte eine Verbindung zur Anklage her: »Dass an der Mauer Menschen erschossen wurden, dass ich der Vorsitzende des Nationalen Verteidigungsrates, der Generalsekretär, der Vorsitzende des Staatsrates der DDR war, der für diese Mauer als höchster lebender Politiker die größte Verantwortung trug, wusste jedes Kind in Deutschland und darüber hinaus. Es gibt demnach nur zwei Möglichkeiten: Entweder haben die Herren Politiker der BRD bewusst, freiwillig und sogar begierig den Umgang mit einem Totschläger gesucht, oder sie lassen jetzt zu, dass Unschuldige des Totschlags bezichtigt werden.« Aber er fand auch, jenseits dieser Ironie, Worte des Bedauerns. »Der unnatürliche Tod jedes Menschen in unserem Land hat uns immer bedrückt. Der Tod an der Mauer hat uns nicht nur menschlich betroffen, sondern auch politisch geschädigt. Vor allen anderen trage ich die Hauptlast der politischen Verantwortung dafür, dass auf denjenigen, der die Grenze zwischen der DDR und der BRD, zwischen Warschauer Vertrag und NATO, ohne Genehmigung überschreiten wollte, unter den Bedingungen der Schusswaffengebrauchsbestimmung geschossen wurde.« Für Honecker stand aber außer Frage: »Die Toten sollen die Unmenschlichkeit der DDR und des Sozialismus beweisen und von der Misere der Gegenwart und den Opfern der sozialen Marktwirtschaft ablenken. Das alles geschieht demokratisch, rechtsstaatlich, christlich, human und zum Wohle des deutschen Volkes. Armes Deutschland.«

EK Die gleichen Maßstäbe, die Honecker bei der Be- und Verurteilung von Politikern einforderte, gab es natürlich nicht. Honecker und alle anderen wurden wegen ihrer politischen Überzeugung verurteilt. Und die Urteile fielen wegen der politischen Überzeugung der Richter so aus, wie sie ausfielen.

FW Richtig. Wie und warum es zum Bau der Mauer gekommen ist, interessierte die Staatsanwaltschaft nicht.

Keine fünf Jahre zuvor: Der Staatsratsvorsitzende der DDR und der Bundeskanzler der BRD beim Abschreiten der Ehrenformation der Bundeswehr in Bonn, 1987

Kein Wort dazu in der Anklage. Die Ursachen und Bedingungen wurden unterschlagen, die Kette der historischen Ereignisse willkürlich zerrissen. Erich Honecker hat die Mauer gebaut und schießen lassen. Basta.
Wann, Egon, klopfte die Justiz an deine Tür, um dir den Totschlag-Prozess zu machen?

EK Die klopfte tatsächlich. Und zwar morgens vor 6 Uhr am 31. März 1992. Sie wummerten an meine Tür, als wollten sie halb Pankow wecken. Sie suchten nach dem »Schießbefehl« und wendeten in unserer Wohnung jedes Blatt. Ich sagte dem Staatsanwalt, weil sie nichts fanden, ob sie vielleicht das suchten: »Bei den jetzigen sozialistischen Umtrieben kann es vorkommen, dass Ich euch befehle, eure eigenen Verwandten, Brüder, ja Eltern niederzuschießen [...], aber auch dann müsst ihr Meine Befehle ohne Murren befolgen.« Er schaute gleichermaßen zustimmend wie zweifelnd. Das habe Kaiser Wilhelm 1891 bei einer Rekrutenvereidigung gesagt, klärte ich ihn auf. »Das galt bei uns nicht.« Er packte meine Notizbücher ein, alle Aufzeichnungen und Kalender, auch den Durchschlag eines Briefes an Gorbatschow, den ich wenige Tage zuvor geschrieben hatte. Darin bat ich das ehemalige sowjetische Staatsoberhaupt, sein internationales Ansehen gegen die politische Verfolgung der einstigen DDR-Bürger einzusetzen. Der Staatsanwalt fragte mich, ob ich einverstanden sei, dass er diese Papiere mitnehme. Ich hätte fast bejaht. Mein Sohn Carsten, damals noch Jurastudent, griff ein: »Du wirst doch diese rechtswidrige Hausdurchsuchung nicht noch mit deiner Unterschrift legalisieren!« Da ich die Sachen nicht freiwillig rausrückte, sagte der Staatsanwalt lakonisch: »Dann sind sie beschlagnahmt« und packte alles ein. Ich bat ihn, darauf zu achten, dass die Unterlagen nicht an die Presse gelangten. Er nickte. Sein Einfluss reichte offenkundig nicht. Auszüge des beschlagnahmten Briefes standen am Wochenende in einer Sonntagszeitung.

FW Habe ich dich richtig verstanden: Du hast erst jetzt, bei dieser Hausdurchsuchung, erfahren, dass schon länger wegen Totschlags gegen dich ermittelt wurde?

EK Ja.

Amtsgericht Tiergarten

Turmstraße 91
1000 Berlin 21

Telefon Datum

351 Gs 1532/92 (3979)- 3674 20.03.1992

Gesch-Nr.
bitte stets angeben
-2 Js 20/92 StA KG -

Beschluß

In dem Ermittlungsverfahren gegen

Krenz, Egon,
geboren am 19. März 1937 in Kolberg,
wohnhaft: Majakowskiweg 9,
1110 Berlin

wegen

Totschlags u.a. (§§ 112, 21, 22, 63 StGB/DDR i.V.m. §§ 212, 22, 23, 25, 26, 53 StGB, Art. 315 EGStGB)

wird auf Antrag der Staatsanwaltschaft bei dem Kammergericht vom 18. März 1992

gemäß §§ 102, 105 StPO
die Durchsuchung seiner Wohnung und seiner anderen Räume, seiner Person und der ihm gehörenden Sachen
angeordnet,
da Tatsachen vorliegen, aus denen zu schließen ist, daß die Durchsuchung zum Auffinden von Beweismitteln führen wird.

Der Beschuldigte war Mitglied des Politbüros des Zentralkomitees der SED und zugleich Mitglied des Nationalen Verteidigungsrates der ehemaligen DDR.

- 2 -

Durchsuchungsbeschluss für die Wohnung von Krenz, der am 31. März 1992 vollstreckt wurde

FW Und du hast dir nun endlich einen Anwalt gesucht?

EK Nein, dazu konnte ich mich noch nicht durchringen. Ich werde politisch verfolgt, sagte ich mir, also werde ich mich auch politisch verteidigen. Dazu brauche ich keinen Advokaten. Bekannte warfen mir vor, ich würde das Recht unterschätzen und die Politik überschätzen. Mag sein, aber Ökonomie spielte auch eine Rolle. Das wurde mir schon bald klar. Ein renommierter Anwalt aus dem Westteil der Stadt lud mich zu einem Gespräch ein. Er bot an, meine Verteidigung zu übernehmen. Bei dem Umfang des Verfahrens könnten, so seine Vorstellung, Rechtsanwaltskosten so um die 600 000 DM zusammenkommen. Dafür, so meinte er, würde ich sicher einen Sponsor finden.
Ich war sprachlos. Spätestens jetzt wurde mir bewusst: Der Rechtsstaat ist verdammt teuer.
Ich könne notfalls auch eine Gerichtskostenhilfe beantragen, sagte er. Die sei allerdings an Bedingungen geknüpft. Nein, ich wollte mir demütigende Befragungen ersparen. »Sie waren doch Staatschef. Da dürfte das nicht schwer sein, das Geld aufzutreiben«, versuchte mich der Westberliner Anwalt zu beruhigen. Ich wisse nicht, was Westpolitiker auf ihren Konten haben, sagte ich. Als Staatsratsvorsitzender, Vorsitzender des Nationalen Verteidigungsrates und SED-Parteichef habe ich 1989 – einschließlich meiner Diäten als Volkskammerabgeordneter – 5500 Mark brutto verdient. Da müsste ich also etwa zehn Jahre in diesen Funktionen arbeiten, um ihn bezahlen zu können. Dabei war ich mir durchaus bewusst, dass diese Monatsbezüge in der DDR sehr viel Geld waren. Das monatliche Durchschnittseinkommen in der DDR lag 1989 unter zwölfhundert Mark.

FW Ich entsinne mich. Das Verhältnis zwischen dem niedrigsten und dem höchsten Lohn in der DDR betrug damals 1 zu 7, in der Bundesrepublik seinerzeit 1 zu 275. Vermutlich ist heute die zweite Ziffer noch erheblich größer. Und hast du einen »Sponsor« gefunden?

EK *(lacht bitter.)* Und selbst wenn: Ich hätte es nicht gewollt. Ich möchte niemandem außer meiner Familie verpflichtet sein.

FW Im Juni 1993 – da war der todkranke Erich Honecker bereits in Chile – erhob die Berliner Staatsanwaltschaft Anklage gegen dich wegen »Totschlags und Mitverantwortung für das Grenzregime der DDR«. Und weil Richter Josef Hoch ebenfalls keinen »schriftlichen Schießbefehl« vorliegen hatte, erfand er den »ideologischen Schießbefehl«.

EK Das war nun wirklich die größte Lachnummer, obwohl der Gegenstand des Verfahrens nun wahrlich keinen Anlass zur Heiterkeit lieferte. Er zitierte den »Klassenauftrag« der bewaffneten Organe, wonach »die Souveränität, die territoriale Integrität, die Unverletzlichkeit der Grenzen und die Sicherheit der DDR zu gewährleisten« seien. Ich erlaubte mir den Hinweis, dass dies auch der amtierende Bundeskanzler gemeinsam mit Honecker bei ihrem Treffen in Moskau am 12. März 1985 im Kommuniqué so formuliert hatte: »Die Unverletzlichkeit der Grenzen und die Achtung der territorialen Integrität und Souveränität aller Staaten in Europa in ihren gegenwärtigen Grenzen (sind) eine grundlegende Bedingung für den Frieden.« Ich beantragte, ein völkerrechtliches Gutachten einzuholen.

Prof. Dr. Jochen Frohwein, Direktor am Max-Planck-Institut für ausländisches öffentliches Recht und Völkerrecht, hatte sich anheischig gemacht und in einer Stellungnahme vorab erklärt: »Eine Strafbarkeit nach DDR-Recht dürfte auszuschließen sein. Eine Strafbarkeit unmittelbar aufgrund internationalen Rechts ist nicht erkennbar.« Der Heidelberger Völkerrechtler war eine Koryphäe, er war viele Jahre als Vizepräsident der Europäischen Kommission für Menschenrechte tätig und hatte die Bundesregierung in Prozessen vor dem Bundesverfassungsgericht vertreten. Auf sein Schreiben hat das Berliner Landgericht jedoch abschlägig reagiert: »Das Gericht besitzt selbst die erforderliche Sachkunde.«

FW Die Richter wollten auch nicht Pjotr Abrassimow hören. Der war siebzehn Jahre sowjetischer Botschafter in der DDR und zu Beginn der siebziger Jahre Verhandlungsführer der UdSSR beim Vierseitigen Abkommen über Berlin. Trotz seines schlechten Gesundheitszustandes war er bereit, nach Berlin zu kommen. Das Landgericht verhinderte es. Vertreter von zwei Kammern telefonierten solange mit dem Ex-Botschafter in Moskau, bis dieser nicht mehr wusste, ob er vor Gericht als Zeuge oder als Angeklagter in Berlin erwartet würde.

EK Auch das Zeugnis hochrangiger sowjetischer Militärs war nicht gefragt. Die Aussagen der beiden letzten Oberkommandierenden der Streitkräfte des Warschauer Vertrages, Marschall Kulikow und Armeegeneral Luschew, wollte das Gericht nicht hören. Begründung: Weil die »Vernehmung zur Erforschung der

Weil man – bis heute – keinen »Schießbefehl« fand, erfand die Justiz einen »ideologischen Schießbefehl«

Wahrheit nicht erforderlich ist«. Ferner hieß es: »Es ist zu erwarten, dass die Zeugen insofern nichts Neues mitteilen werden.« Die Richter setzen sich selbst über die Mahnung des ehemaligen Präsidenten der UdSSR, Gorbatschows, hinweg, sich an den Konsens mit Bundeskanzler Kohl zu halten. Kohl und er hatten nach seiner Aussage vereinbart, dass DDR-Bürger wegen der Ausübung ihrer verfassungsmäßigen Pflichten im geeinten Deutschland nicht verfolgt werden dürften.
Aber weißt du, was ich noch viel schäbiger fand, wenn wir schon über die Haltung Moskaus sprechen?

FW Du denkst jetzt an Jelzin?

EK An eben diesen. Im Oktober 1986 hatte er als 1. Sekretär des Moskauer Stadtparteikomitees an der Einweihung des Thälmann-Denkmals in der sowjetischen

Bei „Blitz"
handelt es sich warscheinlich
um die Qualifizierung
des Fernschreibens

»Sie waren an der Aktion ›Blitz‹ beteiligt«, fragte der Staatsanwalt und wedelte mit einem Papier. »Was hatte es damit auf sich?«
Krenz hatte davon nie gehört und hob die Schultern. Aus dem Saal wurde ihm dieser Zettel gereicht, der offenkundig von einem ehemaligen Nachrichtenoffizier der Grenztruppen kam.

Hauptstadt teilgenommen und dabei Honecker als Freund und Genossen bezeichnet und die üblichen Bruderküsse mit ihm ausgetauscht. Als Präsident Russlands lieferte er Honecker jedoch an die Bundesrepublik aus. Das ist in meiner Sicht der dunkelste Punkt in den Beziehungen der einstigen Bruderstaaten, Jelzin handelte amoralisch und prinzipienlos. So aber wurde er Kohls Saunafreund.

FW Das musste mal gesagt sein.

EK Ja, diese Falschheit macht mich noch immer wütend. – Doch zurück zu meinem Verfahren.
Die Richter lehnten auch bundesdeutsche und Westberliner Politiker als Zeugen ab: So Egon Bahr, langjähriger Verhandlungsführer der Bundesregierung mit der DDR; Horst Grabert, ehemaliger Chef der Senatskanzlei in Berlin-West; Bundesminister Klaus Schütz,

ehemals Regierender Bürgermeister in Berlin-West; Günter Gaus und Hans-Otto Bräutigam, ehemalige Leiter der Ständigen Vertretung der Bundesrepublik Deutschland bei der DDR und andere.

FW Aber es gibt doch eine Erklärung von Bahr?

EK Das verdankte ich meinen Verteidigern. Sie hatten den angesehenen SPD-Politiker und Freund Willy Brandts auf eigene Rechnung als sachverständigen Zeugen aufgeboten. Das Gericht ließ ihn über eine Stunde vorm Saal warten, ehe sich der Richter – gegen den Widerstand der Staatsanwaltschaft – entschloss, ihn hereinzubitten. Staatsanwalt Jahntz wiederholte seinen Unsinn selbst im Plädoyer: »Bahr hat nicht Tatsachen, sondern Einschätzungen bekundet.« Den Streit im Saal, ob Bahr kompetent genug sei, um angehört zu werden, empfand ich als würdelos.

FW Würdelos war doch das Plädoyer von Jahntz auch in anderer Hinsicht. Du hättest nach DDR-Recht neunzehn Jahre bekommen, sagte er und beantragte am 31. Juli 1997 »nur« elf Jahre. Am Ende waren es sechseinhalb.

EK Ja, es hätte schlimmer kommen können. Aber dass ich keinen Freispruch zu erwarten hatte, war mir doch klar. Meinen Ausweis und meinen Reisepass hatte ich schon früher abgeben müssen. Wegen Fluchtgefahr. Jede Woche musste ich mich auf dem Polizeirevier melden, ich durfte mich nur in Berlin-Brandenburg aufhalten, gelegentlich auch in Mecklenburg-Vorpommern.

FW Wollen wir mal wieder eine Pause machen?

Kapitel 5

Können Gerichte Geschichte aufarbeiten?

FW Am 3. Oktober 1990 trat aufgrund Artikel 8 des sogenannten Einigungsvertrages das gesamte bundesdeutsche Recht auf dem Gebiet, das bis zum Vortag noch Deutsche Demokratische Republik geheißen hatte, in Kraft. Das alte Recht wurde das neue. Vom Bürgerlichen Gesetzbuch über das Strafgesetzbuch bis zum Sozialgesetzbuch, dem Steuerrecht und der Straßenverkehrsordnung. An die Stelle der sozialistischen Moral traten wieder die »guten Sitten«, und im Erbrecht gab es wieder einen Pflichtteilanspruch. Alles wie bei Kaiser Wilhelm. Scheidung ging wieder nur mit Rechtsanwalt, dauerte lange und kostete viel. Abtreibung war nicht mehr einfach und kostenfrei. Richter waren unabhängig, Gesetze unverständlich. Den Bürgern des Deutschen Reiches gab man damals vier Jahre, sich mit den 2385 Paragrafen zu beschäftigen, die 1896 beschlossen und am 1. Januar 1900 in Kraft traten. Den Ostdeutschen wurde keine Zeit zugestanden.
Und sofort wetzte die Macht die Messer. Wir kennen den Auftrag von Justizminister Klaus Kinkel, vormals BND-Chef, den er an die westdeutschen Richter richtete,

dass man damit fertigwerden müsse, »was uns das vierzigjährige Unrechtsregime in der früheren DDR hinterlassen hat«. Es müsse gelingen, »das SED-System zu delegitimieren«. Wir sprachen gestern bereits darüber. Es gäbe »keinen Grund, die DDR-Verbrecher nach anderen Prinzipien zu behandeln als die Nazi-Verbrecher«, erklärte Martin Kriele, Ordinarius für Allgemeine Staatslehre und Öffentliches Recht an der Universität zu Köln, auf einer Konferenz von Staatsrechtslehrern. Wann, Egon, hast du zum ersten Mal Post von der Siegerjustiz bekommen?

EK Zunächst war's nur nerviges Geplänkel mit polizeilichen Observationen, Vorladungen, Vernehmungen, Hausdurchsuchungen. Im Frühsommer 1995 bekam ich meine Anklageschrift zugestellt: 1555 Seiten. Davon befassten sich keine fünfzig Seiten mit Rechtsfragen. Der »Rest« war die Außensicht auf die DDR mit allen antikommunistischen Ressentiments und tradierten Vorurteilen. Dann U-Haft 1997, ab Januar 2000 vier Jahre Plötzensee mit kurzer Vorstellung im Vorzeigeknast Hakenfelde.

FW Du solltest ja nicht verurteilt werden, weil du dein Amt missbraucht oder Steuern hinterzogen hattest, nicht weil du Parteispenden verschwiegen oder DDR-Recht gebrochen hattest. Man saß nicht über dich als Person zu Gericht, sondern über die DDR. Darum behandelten sie dich wie einen Kriminellen.

EK Ach weißt du, ich höre das nicht so gern, dass ich stellvertretend für einen ganzen Staat angeklagt und verurteilt worden sei. Erstens wurde gegen mehr als hunderttausend DDR-Bürger ermittelt, einige hundert wurden angeklagt, etliche von ihnen erhielten wie ich eine Gefängnisstrafe; die höchste lag jenseits von sieben Jahren. Zweitens sollten wir auch berücksichtigen, dass es auch ehemalige DDR-Bürger gab, die sich nicht angeklagt fühlten, als ich auf der Anklagebank saß. Die fanden das ganz in Ordnung, dass man Leute wie mich vor den Kadi brachte.

Allerdings hätte ich mich wie ein Lump gefühlt, wenn ich mich nicht auch schützend vor die anderen DDR-Bürger gestellt hätte, die ebenfalls verfolgt wurden. Und auch gelegentlich daran erinnerte, dass nicht wenige Hand an sich legten, weil sie mit den neuen Verhältnissen nicht klarkamen, oder weil sie Arbeit, Haus oder Garten verloren.

FW Individuelle Schuld hatte man dir an den 115 Verhandlungstagen nicht nachweisen können. Für »Totschlag und Mitverantwortung für das Grenzregime der DDR« verurteilte man dich trotzdem zu einer Freiheitsstrafe von sechs Jahren und sechs Monaten. Was natürlich hanebüchen war. Das müssen wir hier nicht vertiefen. Du hast das in einigen Büchern verarbeitet, in Vorträgen und Reden. Aber mich würde schon interessieren, wie du das heute, mit großem zeitlichen Abstand, bewertest.

EK Fritz, meine Haltung zu diesem Verfahren und zu dieser Praxis hat sich nicht geändert. Ich kann sie, wie *Spiegel*-Herausgeber Rudolf Augstein 1996, in eine Zeile fassen: »Justiz, etwas absurd«. Ich kann auch sagen: Die bundesdeutsche Justiz hat so gehandelt, wie man es von ihr erwartete – von beiden Seiten. Sie hat ihren

Egon Krenz auf der Anklagebank zwischen seinen beiden Pflichtverteidigern Robert Unger (vorn) und Dr. Dieter Wissgot

Klassenauftrag erfüllt und alle unsere Vorurteile als begründet bestätigt.
Und sie hat überdies in allen Verfahren bestätigt, dass Gerichte nicht dazu taugen, Geschichte »aufzuarbeiten«. Fritz, ich bin inzwischen gelassen. Ich habe das schon seit Jahren alles hinter mich gebracht und vertraue darauf, dass die Geschichte ihr Urteil über die bundesdeutsche Justiz sprechen wird, weil sie beispielsweise das Rückwirkungsverbot verletzte, um die DDR zu diskreditieren.

FW Enquete-Kommissionen zur Aufarbeitung der SED-Diktatur oder eine Erinnerungsindustrie einschließlich der nun ins Bundesarchiv überführten »Stasi-Unterlagen« taugen ebenfalls nicht, der DDR Gerechtigkeit widerfahren zu lassen.

EK Das stimmt. Auch wenn das Grundproblem unverändert besteht, weil sich das Staatscredo nicht geändert hat, so änderten sich doch einige Nuancen. In der ersten Phase gab es die juristische Kriminalisierung des »Unrechtsregimes« und seiner Träger. Dann konzentrierte man sich darauf, die DDR-Geschichte aus der deutschen Geschichte hinauszudrängen, sie zum Betriebsunfall zu erklären und auf die Größe einer Fußnote zu schrumpfen (wobei in Fußnoten oft Interessanteres steht als im Text). Diese Ignoranz monierten die Ostdeutschen. Inzwischen regt sich das Bedürfnis, die Aufarbeitung aufzuarbeiten, also kritisch zu sichten, was in der Vereinigung schiefgelaufen ist und weshalb. Wer welche Entscheidung aus welchem Grunde traf, wer Weichen stellte und wer Abwicklungskommandos befehligte? Natürlich hat Marx Recht, Geschichte – auch die deutsche – ist die Geschichte von Klassenkämpfen. Aber konkrete Entscheidungen treffen nie Klassen, sondern Personen aus Fleisch und Blut. Sicherlich beseelt vom Geist der eigenen Klasse und dann, wenn der Gedanke formuliert, von dieser auch aufgenommen, getragen und durchgesetzt. Aber es gibt stets eine subjektive Initialzündung, eine individuelle Verantwortung, die auch feststellbar ist. Dreißig Jahre später drängt eine Generation nach vorn, die vergleichsweise unbelastet ist: Diese Menschen müssen nichts beweisen oder rechtfertigen, sie können objektiv mit der Vergangenheit umgehen. Sie stellen unvoreingenommen Fragen, die gestellt werden müssen.

FW Das ist gewiss von Vorteil, die Vergangenheit – die ostdeutsche wie die westdeutsche und auch deren Zusammenspiel – sachlich und aus der Distanz zu beurteilen. Ich sehe aber das Problem, dass inzwischen fast jeder zweite Deutsche keine lebendige, also eigene Erinnerung an die deutsche Zweistaatlichkeit, an den Kalten Krieg und dessen schreckliche Folgen hat. Für die Erinnerungskultur ist es nicht gut, nur von den Dokumenten oder den – meist tendenziösen – Darstellungen zu leben, die in den letzten Jahrzehnten in Umlauf gebracht wurden.

EK Fritz, es gibt nur noch wenige, die wie du die Weimarer Republik und das Hitlerreich bewusst erlebt haben. Und dennoch sind diese Geschichtsabschnitte im gesellschaftlichen Bewusstsein präsent.

FW Ich fürchte ja nicht, dass die DDR vergessen wird, sondern dass die seit dreißig Jahren in den Medien, im Unterricht, in den Politikerreden verbreiteten Narrative sich verfestigen. Das wusste doch schon Goebbels: Man muss eine Lüge nur oft genug wiederholen, es bleibt immer etwas hängen.

EK Solange unsere Generation und die uns nachfolgende leben und widersprechen, findet öffentliche Auseinandersetzung statt. Eine flächendeckende Indoktrination ist darum nur schwer möglich. Zumal nicht nur die kritischen Köpfe den offiziellen Darstellungen nicht mehr blind und blauäugig folgen, der Zweifel wohnt überall. Und vergiss nicht: Seit Jahrtausenden schon gaben die Eltern ihren Kindern Lebensweisheiten und Erfahrungen mit auf den Weg. Das ist heutzutage und hierzulande nicht anders. Wir sollten die Zeitzeugen nicht unterschätzen. Hinzu kommen die eigenen Erfahrungen der Ostdeutschen als »Deutsche 2. Klasse«.

FW Ernst-Wolfgang Böckenförde, Sozialdemokrat, Richter am Bundesverfassungsgericht, gehörte bis zu seinem Tod 2019 zu den bekanntesten (west-)deutschen Juristen. Der schrieb in der *Frankfurter Allgemeinen Zeitung* zum 25. Jahrestag der »Wiedervereinigung« einen bemerkenswerten Aufsatz, mit dem er sich den kollektiven Unmut seiner Klasse zuzog. Er konzedierte der DDR, sie habe »in vielen Bereichen« ihren Bürgern »ein Leben in rechtlich-ethischer Normalität« ermöglicht. »Die globale Kennzeichnung der DDR als Unrechtsstaat schießt deshalb über die Anerkennung von Unrecht und Freiheitsverletzung, die es in der DDR vielfach gab, weit hinaus. Sie will umfassend delegitimieren und desavouieren. Sie lässt der Normalität, die es vielfach gab, keinen Eigenstand. Sie ist eine Verzerrung der Wirklichkeit in politischer Absicht.« Und Böckenförde schloss daraus: »Die globale Kennzeichnung der DDR als Unrechtsstaat ist nicht nur falsch, sie kränkt auch die Bürger und Bürgerinnen der ehemaligen DDR.«

EK Wo er Recht hat, hat er Recht. Und indirekt redete er damit all jenen das Wort, die – gleich uns – der Auffassung sind, dass Gerichte nicht dafür geeignet sind, Geschichte aufzuarbeiten. Das können nur die Beteiligten und die Betroffenen selbst. Wie ich auch der Meinung bin, dass der Westen die von ihm so geschätzten Menschenrechte am besten verteidigte, indem er sie selber einhielte. Der Verweis ihrer angeblichen oder tatsächlichen Verletzung in anderen Staaten dient nicht

Wolff teilt das Urteil des Verfassungsrichters Böckenförde (1930–2019): Die Darstellung der DDR als Unrechtsstaat »ist eine Verzerrung der Wirklichkeit in politischer Absicht«.

der Durchsetzung der Menschenrechte dort, sondern der Verfolgung eigener politischer Interessen.

FW Du denkst jetzt nicht an China?

EK Nicht nur, aber auch. Wir wissen doch, dass die Menschenrechte und deren vermeintliche Verletzung vorzugsweise in der politischen Propaganda Verwendung finden. Ein universelles Menschenrecht ist zum Beispiel das Recht auf Leben. Wenn in den kapitalistischen Industrieländern Millionen Menschen hungern, wenn 65 Millionen Menschen aus Not ihre Heimat verlassen müssen, weil dort unter anderem Kriege zur Durchsetzung der Demokratie geführt werden, wenn allein in den USA über eine halbe Millionen Menschen an Corona sterben – mehr als in jedem anderen Land der Welt –, dann hat das durchaus etwas mit Menschenrechten zu tun. In China hingegen muss niemand mehr hungern, mehrere Hundert Millionen Menschen wurden aus der Armut geholt. Aber: Der Westen nimmt klaglos das eigene Elend hin und beklagt, dass in Hongkong Randalierer und Plünderer arretiert werden oder in Xinjiang potentielle Terroristen aufgeklärt werden wie seinerzeit Soldaten der faschistischen Wehrmacht in Antifa-Schulen.

FW Ja, es ist verlogen und heuchlerisch. Der Westen treibt Schindluder mit Menschen- und Freiheitsrechten. Wie hieß es schon in der Bergpredigt: »Warum siehst du den Splitter im Auge deines Bruders, aber den Balken in deinem Auge bemerkst du nicht?«

EK Man kann es auch weniger biblisch fassen: Der Antikommunismus ist die gemeinsame Religion des Westens und die Menschenrechte sind dabei so etwas wie das Vaterunser.

FW Mit der Schreckensvokabel »Kommunismus« zog Nazideutschland gegen die Sowjetunion zu Felde, damit begründete der Westen seinen Kalten Krieg und schließlich nach 1990 die Verfolgung ehemaliger DDR-Bürger. Mit dem Kassandra-Ruf »Der chinesische Kommunismus bedroht die Welt« mobilisieren »die Demokratien« ihre Abwehr.

EK Chinas Erfolg bei der Bekämpfung der Armut ist beispiellos in der Weltgeschichte. Und was heißt da: China sei ein einziges Völkergefängnis? Komisch, die Millionen und Abermillionen Touristen aus China, die seit einigen Jahren die Welt bereisten (also vor der Pandemie), kehrten freiwillig und an Erfahrungen reicher in ihr angebliches Gefängnis zurück. Und jene Millionen Chinesen, die in anderen Staaten leben und arbeiten, erfahren zunehmend Ausgrenzung und Verfolgung. Man geht inzwischen von vierzig bis fünfzig Millionen Auslandschinesen aus. Jeder zwanzigste Australier hat chinesische Wurzeln. Seit Obama Australien in die neue US-Front gegen China eingebunden hat, sind die Chinesen dort wachsendem Druck ausgesetzt. Sie werden gleichsam als Fünfte Kolonne Pekings behandelt. Und nicht nur in Australien.

FW Sie schüren ja nicht nur die Angst vor den reichen Chinesen, die angeblich Australien aufkaufen wollen. Dieses »Warnungen« kennen auch wir. Oder die vor den vermeintlichen Spionage-Angriffen.

EK Australien wurde in den Handelskrieg der Amerikaner einbezogen – und hat sich im Kampf zur Verteidigung der Menschenrechte und gegen das angebliche kommunistische Unrechtsregime in China voll instrumentalisieren lassen ... Aber wir wollten ja nicht über den asiatischen Fernen Osten, sondern über den »nahen Osten« reden, über die DDR und deren gesellschaftspolitische Ächtung post mortem.

FW Ich will noch einmal daran erinnern, dass im Spätsommer 1990 – also noch zu DDR-Zeiten – von der Volkskammer mehrheitlich die Selbstaufgabe beschlossen wurde. Lediglich achtzig Parlamentarier der PDS und Bündnis 90/Grüne stimmten gegen das »Gesetz zu dem Vertrag vom 31. August 1990 zwischen der Bun-

»Sehr geehrter Herr Staatsratsvorsitzender«, schrieb am 21. November 1989 der *ZDF*-Korrespondent Hans Scheicher aus New York. Er habe im Archiv des *Wall Street Journals,* der größten Zeitung der USA, recherchiert, »welche prominente Deutsche denn die Ehre haben, in gezeichneter Form dort gespeichert zu sein. Es waren nur ein knappes Dutzend. Dabei stieß ich auf Ihren Kopf und machte davon zu Reproduktionszwecken eine Fotokopie. Ich schicke Ihnen hiermit diese Kopie, weil es Ihnen vielleicht Freude macht, dieses einmalige Souvenir zu besitzen.«

desrepublik Deutschland und der Deutschen Demokratischen Republik über die Herstellung der Einheit Deutschlands – Einigungsvertrag«. Im Artikel 17 des Einigungsvertrages wurde vertraglich festgeschrieben, dass in der DDR ein »SED-Unrechtsregime« geherrscht habe. Der Bundestag erhob den Vertrag zum Gesetz. Damit hatte das Parlament ein juristisches Verdikt über seinen ehemaligen politischen Gegner gefällt. Die Schranken der Gewaltenteilung, die dem Bundestag laut Grundgesetz juristische Bewertungen wie »Unrechtsstaat« entziehen, hinderten ihn daran nicht. Das parlamentarische Vorurteil war von da an faktisch unangreifbar. Die Gerichte sollten es juristisch, die Enquetekommission des Bundestages politisch weiter untermauern. Das Ergebnis dieses Verfahrens war vorweggenommen. Die strafrechtliche Bewältigung der DDR-Vergangenheit war von Beginn, ich kann es nicht oft genug wiederholen, die Fortsetzung der politischen Justiz gegen die deutschen Kommunisten und Sozialisten. Die DDR wurde zwar gemäß einer nahezu ausnahmslos befolgten Sprachregelung zur »ehemaligen« DDR erklärt, aber das, was sie verkörpert hatte, stand und steht als drohendes Gespenst – wie zu Zeiten der Entstehung des Kommunistischen Manifests – vor dem geistigen Auge der Angehörigen der politischen Klasse. Waren die Kommunisten bis 1990 hinter der Mauer, befanden sie sich jetzt im Lande. Und wie schon im 19. und 20. Jahrhundert stellte sich nun dringlich die Aufgabe: Sie müssen in Schach gehalten und, wenn möglich, liquidiert werden. Als Opposition, als Bewegung, als Organisation.

Kapitel 6

Schauen wir nur nach hinten?

EK Wir leben mit dem Vorwurf, »Ewiggestrige« zu sein. Weil wir angeblich nur den Blick auf die DDR-Vergangenheit richten, diese gegen Angriffe verteidigen, selbst dort, wo es nichts zu verteidigen gebe. Manche setzen »ewiggestrig« mit »unbelehrbar« gleich.

FW Ich bin sehr belehrbar. Bis 1990 hatte ich beispielsweise eine sehr hohe Meinung von der westdeutschen Rechtsprechung. Bis ich Honecker als Mandanten hatte. Dem warf man »Anstiftung zum Totschlag« und anderen Unsinn vor. Es gibt einen juristischen Grundsatz: Eine Tat muss zur Zeit der Tat am Ort der Tat strafbar gewesen sein, sonst kann man sie nicht bestrafen. Honecker hat in der DDR gesetzeskonform gehandelt. Also wandte man bei ihm und auch bei anderen Angeklagten rückwirkend bundesdeutsches Recht an. Eines der Rechtsstaatsprinzipien ist das Rückwirkungsverbot. Jeder soll generell darauf vertrauen können, dass sein aktuell rechtmäßiges Handeln unter anderen politischen Umständen ihm nicht nachteilig ausgelegt wird. Das nennt man Rechtssicherheit. Oder Vertrauensschutz. Dieser wurde durch die westdeutsche Justiz für die Ostdeutschen aufgekündigt. Das ganze

Verfahren gegen Honecker war ungesetzlich. Und da soll man als Jurist nicht wütend werden!? Eine zulässige Ausnahme machte man nur in den Strafverfahren gegen Nazi- und Kriegsverbrecher, was der 1949 verstorbene Professor Gustav Radbruch mit der Formel begründete, dass der Grundsatz »keine Strafe ohne Gesetz« nicht für Taten gelte, die »unerträglich ungerecht« seien. Waren vielleicht die Taten von Politbüromitgliedern oder DDR-Richtern im juristischen Sinne »unerträglich ungerecht«? Wohl kaum. Der Bonner Rechtsphilosoph Günther Jakobs nannte das Honecker-Verfahren »ein nachträgliches Revolutionstribunal im Gerichtssaal«.

EK Ein Tribunal – gewiss. Aber welcher Revolution?

FW Der Konterrevolution. Es war geprägt vom Hass gegen den Klassenfeind, den man so nicht nannte. Schließlich hatte man ja auch kein »Feindbild«. Das besaßen bekanntlich nur die Kommunisten in ihrem ideologischen Wahn … Da wurde die ärztliche Diagnose Krebs verfälscht in ein harmloses Leiden, damit wurde die Auslieferung und die Fortsetzung des Strafverfahrens begründet. Nachdem das Landesverfassungsgericht Berlin das Verfahren eingestellt hatte und Honecker schon auf dem Weg nach Chile war, verlangte die Staatsanwaltschaft von mir, ich solle ihn zurückholen. Das war eine Ungeheuerlichkeit. Das Verfahren verletzte schließlich die Staatenimmunität.

EK Wenn du auf den juristischen Grundsatz verweist, dass eine Tat nur am Ort des Geschehens und auf der Basis der geltenden Gesetze verurteilt werden kann –

galt das nicht für die abwesenden Oberländer und Globke auch, deren Pflichtverteidiger du warst?

FW Ja, deshalb habe ich auch einen formalen prozessualen Einwand erhoben, in dem ich das DDR-Gericht als nicht zuständig erklärte. Allerdings, das relativiere ich jetzt: Nazi- und Kriegsverbrechen gehörten natürlich auch in die Zuständigkeit von DDR-Gerichten. Und wir urteilten auf der Basis der Prinzipien des Internationalen Militärtribunals von Nürnberg und des Völkerrechts. Nun kann man sich vielleicht noch darüber mokieren, dass in Abwesenheit der Angeklagten verhandelt wurde. Aber das war nicht unüblich – auch in der Bundesrepublik fanden solche Verfahren statt. Übrigens, meine Tochter ging in die 11. Klasse, als gegen Hans Globke öffentlich verhandelt wurde. Sie war mit ihrem Mitschüler Gregor Gysi unter den Zuschauern. Wie ich weiß, hat das durchaus Spuren bei ihr hinterlassen. Sie wurde auch Anwältin.

EK Der Hinweis auf unsere angebliche Fixierung auf die DDR-Vergangenheit beschäftigt mich. Es stimmt, und es stimmt wiederum nicht. Wir nehmen doch, im Rahmen unserer Möglichkeiten, am gegenwärtigen Leben teil. Wir sind, in Maßen, politisch aktiv, lesen Zeitungen, verfolgen die Nachrichten, ärgern oder freuen uns über bestimmte Entwicklungen …

FW Viele Anlässe zur Freude gibt es nicht gerade. Wir können uns gegenseitig den Kanon der Ärgernisse vorsprechen, von A wie Afghanistan und dem dortigen Bundeswehreinsatz über C wie Covid-19 und die Maßnahmen gegen die Pandamie, weiter über T wie

Trump und R wie Russophobie bis hin zu Z wie ZDF und dem dort beheimateten Furor gegen die Volksrepublik China. Bei jedem einzelnen Thema kommt mir die Galle hoch.

EK Wie siehst du das übrigens mit den Pandemie-Maßnahmen?

FW Als gelernter DDR-Bürger, da wird es dir nicht anders gehen, nehme ich zur Kenntnis, dass es die Pandemie real gibt, also objektiv existiert. Da muss man nicht barmen oder panisch reagieren. Dann handeln die dafür Zuständigen. Das kann man nüchtern beurteilen. Dazu muss ich mich weder auf den Markt stellen, um mich von Verschwörungsstheoretikern, Corona- und Impfgegnern, von Reichsbürgern, Querdenkern und esoterischen Spinnern zuquatschen zu lassen, noch muss ich der Medienhysterie folgen. Und dann frage ich mich als Materialist: Was passiert da wirklich? Und da wir Kapitalismus haben, stelle ich folgerichtig die zentrale Frage dieser Gesellschaft: Wer verdient was dabei? Und an den nationalen wie internationalen Bewegungen sehe ich, dass auch dort wieder die bekannten Fronten sichtbar werden. Dass es den reichen Staaten besser geht als den armen, dass in den Industriestaaten die Klassenfrage erkennbar wird, indem man sieht, dass auch das Gesundheitswesen schon lange zum Wirtschaftsunternehmen gemacht wurde, das kaputtgespart wurde, um die Rendite zu erhöhen und dergleichen mehr.

EK Kein Widerspruch. Persönlich verspüre ich jedoch Erleichterung, dass ich nicht mehr in politischer Verantwortung stehe. Ich möchte heutzutage kein Regierungsamt haben. Da ich selbst einmal Verantwortung in einem Staat getragen habe, gehöre ich nicht zu jenen, die im Wettbewerb stehen, wer Politiker am gemeinsten beschimpfen kann. Ich halte mich an die Regeln und wundere mich trotzdem über die deutsche Kleinstaaterei. Vor allem aber über die unerträgliche Kakofonie, die einen normalen Bürger geradezu durcheinanderbringen muss. Ich sehe gleich dir mit einigem Unverständnis, wie sehr – auch bei bestimmten Linken – der virologische Blick die Sicht auf die reale Welt verengt.

FW Wie meinst du das?

EK Die Pandemie ist nicht nur eine medizinische Krise, die die gesamte Gesellschaft psychisch und wirtschaftlich belastet, sie verschärft auch die schon lange schwelende politische Krise. Der Aktionismus der Regierenden scheint mir sowohl Ausdruck von Hilflosigkeit und Überforderung als auch Indiz für das wachsende Versagen der bisher erfolgreichen Mechanismen zum Machterhalt zu sein. Die Beobachtung der AfD durch den Verfassungsschutz – in Ordnung. Aber wer beobachtet den in Jahrzehnten regional gewachsenen Filz aus nationalen, bürgerlichen Kräften, der Justiz, Polizei, Politik? NSU – schon vergessen? Fremdenfeindliche Übergriffe, antisemitische Ausfälle: Stets geht ein Aufschrei durchs Land, und dann schreitet man wieder zur Tagesordnung. Da wünschte ich mir eine konsequente und vor allem prinzipielle Haltung linker Kräfte.

FW Verstehe. Mich nervt auch, wie versucht wird, die glasklare Antikriegshaltung aufzugeben, wie man in

Abschluss eines ergiebigen Gedankenaustausches: Friedrich Wolff, Egon Krenz und dessen »einzig noch lebender Politbürogenosse« Siegfried Lorenz (90), nach 1990 Wolffs Mandant.

die grüne Fanfare bei Menschenrechtsfragen bläst, wie man Kuba und China desavouiert … Uiguren, Tibet, Hongkong: Da erteilt man Peking Ratschläge. Man stelle sich vor: Die Chinesen schrieben Spanien vor, wie sie mit den Katalanen oder die Italiener mit Südtirol umgehen sollten. Mich ärgert, dass sich die Partei, die ich noch immer wähle – aus Überzeugung und in Ermangelung einer besseren Alternative – immer mehr ins Fahrwasser der anderen Parteien begibt und damit ihr eigenes Profil verliert. Im Osten hat sie es als »Kümmererpartei« schon längst verloren.

EK Ich sage dazu nichts. Ich wurde im Januar 1990 aus der SED/PDS ausgeschlossen. Die damals Verantwortlichen wollten den »Stalinismus« überwinden und taten dies mit zweifelhaften Methoden, die sie eigentlich selbst bewältigen wollten. Der Stalinismus war damals nicht der Kern des Problems. Die Hauptgefahr war die Beseitigung der DDR, was völlig aus dem Blick geriet. Diesem Thema wurde die Partei nicht gerecht.
Wo ich politisch stehe, geht aus meinen Büchen hervor. Mal was ganz anderes, lieber Fritz: Du wirst demnächst Hundert und hast mir einige Jahre voraus. Möchtest du gern noch einmal jung sein?

FW Alles noch mal von vorn? Ich weiß nicht. Aber ich würde gern nicht sterben wollen, um das Ende dieser Gesellschaft zu erleben. Du bist doch auch historischer Optimist, Egon.

Anlagen

Schlusswort von Wolffs Mandant Erich Honecker am 3. Dezember 1992 im Berliner Kriminalgericht

Meine Damen und Herren, ich werde dieser Anklage und diesem Gerichtsverfahren nicht dadurch den Anschein des Rechts verleihen, dass ich mich gegen den offensichtlich unbegründeten Vorwurf des Totschlags verteidige.

Verteidigung erübrigt sich auch, weil ich Ihr Urteil nicht mehr erleben werde. Die Strafe, die Sie mir offensichtlich zudenken, wird mich nicht mehr erreichen. Das weiß heute jeder. Ein Prozess gegen mich ist schon aus diesem Grunde eine Farce. Er ist ein politisches Schauspiel.

Niemand in den alten Bundesländern, einschließlich der Frontstadt Westberlin, hat das Recht, meine Genossen Mitangeklagten, mich oder irgendeinen anderen Bürger der DDR wegen Handlungen anzuklagen oder gar zu verurteilen, die in Erfüllung staatlicher Aufgaben der DDR begangen worden sind.

Wenn ich hier spreche, so spreche ich allein, um Zeugnis abzulegen für die Ideen des Sozialismus, für eine gerechte politische und moralische Beurteilung der von mehr als einhundert Staaten völkerrechtlich anerkannten Deutschen Demokratischen Republik. Diese jetzt von der BRD als »Unrechtsstaat« apostrophierte Republik war ein Mitglied des Weltsicherheitsrates, stellte zeitweise den Vorsitzenden dieses Rates und stellte auch einmal den Vorsitzenden der UN-Vollversammlung.

Die gerechte politische und moralische Beurteilung der DDR erwarte ich nicht von diesem Prozess und diesem Gericht. Ich nehme jedoch die Gelegenheit dieses Politschauspiels wahr, um meinen Standpunkt meinen Mitbürgern zur Kenntnis zu geben.

Meine Situation in diesem Prozess ist nicht ungewöhnlich. Der Deutsche Rechtsstaat hat schon Karl Marx, August Bebel, Karl Liebknecht und viele andere Sozialisten und Kommunisten angeklagt und verurteilt. Das Dritte Reich hat dies mit den aus dem Rechtsstaat der Weimarer Republik übernommenen Richtern in vielen Prozessen fortgesetzt, von denen ich selbst einen als Angeklagter erlebt habe. Nach der Zerschlagung des deutschen Faschismus und des Hitlerstaates brauchte die BRD nicht nach neuen Staatsanwälten und Richtern zu suchen, um erneut Kommunisten massenhaft strafrechtlich zu verfolgen, ihnen mit Hilfe der Arbeitsgerichte Arbeit und Brot zu nehmen und sie mit Hilfe der Verwaltungsgerichte aus dem öffentlichen Dienst zu entfernen oder sie auf andere Weise zu verfolgen.

Nun geschieht uns das, was unseren Genossen in Westdeutschland schon in den fünfziger Jahren geschah.

Es ist seit circa 190 Jahren immer die gleiche Willkür. Der Rechtsstaat BRD ist kein Staat des Rechts, sondern ein Staat der Rechten.

Für diesen Prozess wie für andere Prozesse, in denen andere DDR-Bürger wegen ihrer ›Systemnähe‹ vor Straf-, Arbeits-, Sozial- und Verwaltungsgerichten verfolgt werden, muss ein Argument herhalten. Die Politiker und Juristen sagen, wir müssen die Kommunisten verurteilen, weil wir die Nazis nicht verurteilt haben. Wir müssen diesmal die Vergangenheit aufarbeiten. Das leuchtet vielen ein, ist aber ein Scheinargument.

Die Wahrheit ist, dass die westdeutsche Justiz die Nazis nicht bestrafen konnte, weil sich die Richter und Staatsanwälte nicht selbst bestrafen konnten. Die Wahrheit ist, dass die bundesdeutsche Justiz ihr derzeitiges Niveau, wie immer man das beurteilt, den übernommenen Nazis verdankt. Die Wahrheit ist, dass die Kommunisten, die DDR-Bürger heute aus den gleichen Gründen verfolgt werden, aus denen sie in Deutschland schon immer verfolgt wurden. Nur in den vierzig Jahren der Existenz der DDR war das umgekehrt. Dieses Versäumnis muss nun ›aufgearbeitet‹ werden. Das alles natürlich rechtsstaatlich. Mit Politik hat es nicht das Geringste zu tun. Die führenden Juristen dieses Landes, gleich ob Angehörige der Regierungsparteien oder der SPD, erklären beschwörend, unser Prozess sei ein ganz normales Strafverfahren und kein politischer Prozess. Man sperrt die Mitglieder eines der höchsten Staatsorgane des Nachbarstaates ein und sagt, das hat mit Politik nichts zu tun. Man wirft den Generälen eines gegnerischen Militärbündnisses militärische Entscheidungen vor und sagt, das hat mit Politik nichts zu tun. Man nennt die heute Verbrecher, die man gestern ehrenvoll als Staatsgäste und Partner in dem gemeinsamen Bemühen, dass nie wieder von deutschem Boden ein Krieg ausgeht, begrüßt hat. Auch das soll mit Politik nichts zu tun haben. Man klagt Kommunisten an, die, seit sie auf der politischen Bühne erschienen sind, immer verfolgt wurden, aber heute in der BRD hat das mit Politik nichts zu tun.

Für mich und, wie ich glaube, für jeden Unvoreingenommenen liegt auf der Hand: Dieser Prozess ist so politisch, wie ein Prozess nur sein kann. Wer das leugnet, der irrt nicht, sondern der lügt. Er lügt, um das Volk

ein weiteres Mal zu betrügen. Mit diesem Prozess wird das getan, was man uns vorwirft. Man entledigt sich der politischen Gegner mit den Mitteln des Strafrechts, aber natürlich ganz rechtsstaatlich.
Auch andere Umstände lassen unübersehbar erkennen, dass mit dem Prozess politische Ziele verfolgt werden. Warum war der Bundeskanzler, war Herr Kinkel, der frühere Bundesgeheimdienstchef, spätere Justizminister, noch spätere Außenminister der BRD, so darauf aus, mich, koste es, was es wolle, nach Deutschland zurückzuholen und wieder nach Moabit zu bringen, wo ich schon einmal war? Warum ließ mich der Bundeskanzler erst nach Moskau fliegen, um dann Moskau und Chile unter Druck zu setzen, mich entgegen jedem Völkerrecht auszuliefern? Warum mussten russische Ärzte die richtige Diagnose, die sie auf Anhieb gestellt hatten, verfälschen? Warum führt man mich und meine Genossen, denen es gesundheitlich nicht viel besser geht als mir, dem Volke vor wie einst die römischen Cäsaren ihre gefangenen Gegner vorführten? Ich weiß nicht, ob das alles rational zu erklären ist. Vielleicht bewahrheitet sich hier das alte Wort: Wen Gott vernichten will, den schlägt er zuvor mit Blindheit. Es ist doch wohl jedem klar, dass alle diejenigen Politiker, die sich einst um eine Audienz bei mir bemühten und die sich freuten, mich bei sich begrüßen zu dürfen, von diesem Prozess nicht unbeschadet bleiben. Dass an der Mauer Menschen erschossen wurden, dass ich der Vorsitzende des Nationalen Verteidigungsrates, der Generalsekretär, der Vorsitzende des Staatsrates der DDR war, der für diese Mauer als höchster lebender Politiker die größte Verantwortung trug, wusste jedes Kind in Deutschland und darüber hinaus. Es gibt demnach

nur zwei Möglichkeiten: Entweder haben die Herren Politiker der BRD bewusst, freiwillig und sogar begierig den Umgang mit einem Totschläger gesucht, oder sie lassen jetzt zu, dass Unschuldige des Totschlags bezichtigt werden. Keine dieser beiden Möglichkeiten wird Ihnen zur Ehre gereichen. Eine dritte Möglichkeit gibt es nicht. Wer dieses Dilemma in Kauf nimmt, so oder so ein Mensch ohne Charakter zu sein, ist entweder blind oder verfolgt ein Ziel, das ihm mehr gilt als die Bewahrung seiner Ehre.

Nehmen wir an, dass weder Herr Kohl noch Herr Kinkel noch all die anderen Herren Ministerpräsidenten und Parteiführer der Bundesrepublik Deutschland blind sind (was ich dennoch nicht ausschließen kann), dann bleibt als politisches Ziel dieses Prozesses nur die Absicht, die DDR und damit den Sozialismus zu diskreditieren. Die Niederlage der DDR und des Sozialismus in Deutschland und in Europa allein genügt ihnen offenbar nicht. Es soll alles ausgerottet werden, was diese Epoche, in der Arbeiter und Bauern regierten, in einem anderen als einem furchtbaren, verbrecherischen Licht erscheinen lässt. Total sollen der Sieg der Marktwirtschaft (wie man den Kapitalismus heute euphemistisch nennt) und die Niederlage des Sozialismus sein. Man will, wie es Hitler einst vor Stalingrad sagte, »dass dieser Feind sich nie mehr erheben wird«. Die deutschen Kapitalisten hatten eben schon immer den Hang zum Totalen.

Dieses Ziel des Prozesses, den totgesagten Sozialismus noch einmal zu töten, offenbart, wie Herr Kohl, wie Regierung und Opposition der BRD die Lage einschätzen. Der Kapitalismus hat sich ökonomisch genauso totgesiegt, wie sich Hitler einst militärisch totgesiegt hat.

Der Kapitalismus ist weltweit in eine ausweglose Lage geraten. Er hat nur noch die Wahl zwischen dem Untergang in einem ökologischen und sozialen Chaos und der Aufgabe des Privateigentums an Produktionsmitteln, d. h. dem Sozialismus. Beides bedeutet sein Ende. Nur der Sozialismus erscheint den Herrschenden der Bundesrepublik Deutschland offenbar als die akutere Gefahr. Dem soll dieser Prozess genauso vorbeugen wie der ganze Feldzug gegen das Andenken an die untergegangene DDR, wie deren Stigmatisierung als »Unrechtsstaat«.
Der unnatürliche Tod jedes Menschen in unserem Land hat uns immer bedrückt. Der Tod an der Mauer hat uns nicht nur menschlich betroffen, sondern auch politisch geschädigt. Vor allen anderen trage ich die Hauptlast der politischen Verantwortung dafür, dass auf denjenigen, der die Grenze zwischen der DDR und der BRD, zwischen Warschauer Vertrag und NATO, ohne Genehmigung überschreiten wollte, unter den Bedingungen der Schusswaffengebrauchsbestimmung geschossen wurde. Das ist sicher eine schwere Verantwortung. Ich werde später noch darlegen, warum ich sie auf mich genommen habe. Hier, bei der Bestimmung des politischen Ziels dieses Prozesses, komme ich jedoch nicht umhin, auch festzustellen, mit welchen Mitteln das Prozessziel »Verunglimpfung der DDR« erreicht werden soll. Dieses Mittel sind die Toten an der Mauer. Sie sollen und werden diesen Prozess wie schon vorangegangene Prozesse medienwirksam gestalten. Wir und vor allem Sie haben bereits erlebt, wie ohne Rücksicht auf Pietät und Anstand die Bilder der Toten vermarktet wurden. Damit soll Politik gemacht und Stimmung erzeugt werden. Jeder Tote wird so gebraucht, richtiger

missbraucht, im Kampf der Unternehmer um den Erhalt ihres kapitalistischen Eigentums.
Denn um nichts anderes geht es bei dem Kampf gegen den Sozialismus.
Die Toten sollen die Unmenschlichkeit der DDR und des Sozialismus beweisen und von der Misere der Gegenwart und den Opfern der sozialen Marktwirtschaft ablenken. Das alles geschieht demokratisch, rechtsstaatlich, christlich, human und zum Wohle des deutschen Volkes. Armes Deutschland.
Nun zur Sache selbst.
Die Staatsanwälte der Frontstadt klagen uns als gemeine Kriminelle, als Totschläger an. Da wir nun offensichtlich keinen der 68 Menschen, deren Tod uns in der Anklage vorgeworfen wird, persönlich totgeschlagen haben, da wir auch deren Tötung ebenso offensichtlich nicht vorher befohlen oder sonst veranlasst haben, wirft mir die Anklage auf Seite 9 wörtlich vor: »als Sekretär des NVR und Sekretär für Sicherheitsfragen beim Zentralkomitee der SED (angeordnet zu haben), die Grenzanlagen um Berlin (West) und die Sperranlagen zur Bundesrepublik Deutschland auszubauen, um ein Passieren unmöglich zu machen«.
Ferner wirft mir die Anklage vor, in 17 Sitzungen des Nationalen Verteidigungsrates vom 29.11.1961 bis 1.7.1983 an Beschlüssen teilgenommen zu haben,
- weitere Drahtminensperren zu errichten (wobei das Wort »weitere« erkennen lässt, dass die Streitkräfte der UdSSR vorher schon solche Sperren errichtet hatten),
- das Grenzsicherungssystem zu verbessern, die Schießausbildung der Grenzsoldaten zu verbessern,
- Grenzdurchbrüche nicht zuzulassen,

– am 3.5.1974 persönlich erklärt zu haben, von der Schusswaffe muss rücksichtslos Gebrauch gemacht werden,
– und dem Entwurf des am 1. Mai 1982 in Kraft getretenen Grenzgesetzes zugestimmt zu haben.

Die Vorwürfe gegen mich bzw. gegen uns richten sich also gegen Beschlüsse eines verfassungsmäßigen Organs der DDR. Gegenstand des Verfahrens ist somit die Politik der DDR, das Bemühen des Nationalen Verteidigungsrates, die DDR als Staat zu verteidigen und zu erhalten. Diese Politik soll durch dieses Verfahren kriminalisiert werden. Damit soll die DDR als »Unrechtsstaat« gebrandmarkt und alle, die ihr dienten, zu Verbrechern gestempelt werden.

Die Verfolgung von Zehntausenden und unter Umständen Hunderttausenden DDR-Bürgern, von denen die Staatsanwaltschaft jetzt schon spricht, ist das Ziel dieses Verfahrens, das durch »Pilotverfahren« gegen Grenzsoldaten vorbereitet sowie von unzähligen, die DDR-Bürger diskriminierenden anderen Gerichtsverfahren vor Zivil-, Sozial-, Arbeits- und Verwaltungsgerichten und von zahlreichen Verwaltungsakten begleitet wird. Es geht also nicht um mich oder um uns, die wir in diesem Prozess angeklagt sind. Es geht um viel mehr. Es geht um die Zukunft Deutschlands, Europas, ja der Welt, die mit der Beendigung des Kalten Krieges, mit dem neuen Denken so glücklich zu beginnen schien.

Hier wird nicht nur der Kalte Krieg fortgesetzt, hier soll ein Grundstein für ein Europa der Reichen gelegt werden. Die Idee der sozialen Gerechtigkeit soll wieder einmal endgültig erstickt werden. Unsere Brandmarkung als Totschläger soll dazu ein Mittel sein.

Ich bin der letzte, der gegen sittliche und rechtliche Maßstäbe zur Be- oder auch Verurteilung von Politikern ist. Nur müssen drei Voraussetzungen erfüllt sein: Die Maßstäbe müssen exakt vorher formuliert sein. Sie müssen für alle Politiker gleichermaßen gelten. Ein überparteiliches Gericht, das weder mit Freunden noch Feinden der Angeklagten besetzt ist, muss entscheiden. Mir scheint, dass alles dies einerseits selbstverständlich, andererseits aber in der heutigen Welt noch nicht machbar ist. Wenn Sie heute dennoch über uns zu Gericht sitzen, so tun Sie das als Gericht der Sieger über uns Besiegte. Dies ist ein Ausdruck der realen Machtverhältnisse, aber nicht ein Akt, der irgendeinen Anspruch auf Geltung vor überpositivem Recht oder überhaupt Recht für sich beanspruchen kann. Das allein könnte schon genügen, um darzulegen, dass die Anklage ein Unrechtsakt ist. Doch da wir die Auseinandersetzung auch im Detail nicht scheuen, will ich im Einzelnen darlegen, was die Anklage, sei es aus böser Absicht, sei es aus Verblendung, nicht darlegt.

Wie bereits zitiert, beginnt die Anklage die chronologische Aufzählung aller Vorwürfe gegen uns mit den Sätzen:

»Am 12. August 1961 ordnete der Angeschuldigte Honecker als Sekretär des NVR und Sekretär für Sicherheitsfragen beim Zentralkomitee der SED an, die Grenzanlagen um Berlin (West) und die Sperranlagen zur Bundesrepublik Deutschland auszubauen, um ein Passieren unmöglich zu machen.«

Diese historische Sicht der Dinge spricht für sich. Der Sekretär für Sicherheitsfragen des ZK der SED ordnete 1961 ein welthistorisches Ereignis an. Das übertrifft noch die Selbstironie der DDR-Bürger, die die DDR als die größte DDR der Welt bezeichneten. Wenn auch heute Enno von Löwenstein die DDR zu einem »großen Land« machen will, um den Sieg der BRD entsprechend gewichtiger darstellen zu können, so versucht doch nicht einmal dieser Rechtsaußen des politischen deutschen Journalismus, die DDR zur Weltmacht hochzustilisieren. Das bleibt der »objektivsten Behörde der Welt« vorbehalten. Jeder macht sich vor der Geschichte so lächerlich, wie er will und kann.

Wahr ist, dass der Bau der Mauer auf einer Sitzung der Staaten des Warschauer Vertrages in Moskau beschlossen wurde. In diesem Bündnis sozialistischer Staaten war die DDR ein wichtiges Glied, aber nicht die Führungsmacht. Dies dürfte gerichtsbekannt sein und braucht wohl nicht bewiesen zu werden.

Da wir – wie ich schon sagte – offensichtlich niemand persönlich totgeschlagen noch den Totschlag eines Menschen unmittelbar befohlen haben, wird der Bau der Mauer, ihre Aufrechterhaltung und die Durchsetzung des Verbots, die DDR ohne staatliche Genehmigung zu verlassen, als Tötungshandlung angesehen. Mit Politik soll das alles nichts zu tun haben. Die deutsche Jurisprudenz macht das möglich. Nur vor der Geschichte und dem gesunden Menschenverstand wird sie damit nicht bestehen. Sie wird nur ein weiteres Mal demonstrieren, wes Geistes Kind sie ist und wohin Deutschland zu gehen im Begriffe steht.

Wir alle, die wir in den Staaten des Warschauer Vertrages damals Verantwortung trugen, trafen diese politische Entscheidung gemeinsam. Ich sage das nicht, um mich zu entlasten und die Verantwortung auf andere abzuwälzen; ich sage es nur, weil es so und nicht anders war, und ich stehe dazu, dass diese Entscheidung damals, 1961, richtig war und richtig blieb, bis die Konfrontation zwischen den USA und der UdSSR beendet war. Eben diese politische Entscheidung und die Überzeugungen, die ihr zugrunde liegen, sind der Gegenstand dieses Prozesses. Man muss schon blind sein oder bewusst vor den Geschehnissen der Vergangenheit die Augen verschließen, um diesen Prozess nicht als politischen Prozess zu erkennen, um nicht zu erkennen, dass er eine politisch motivierte Entstellung der Geschichte bedeutet.

Wenn Sie diese politische Entscheidung für falsch halten und mir und meinen Genossen die Toten an der Mauer zum strafrechtlichen Vorwurf machen, dann sage ich Ihnen, die Entscheidung, die Sie für richtig halten, hätte Tausende oder Millionen Tote zur Folge gehabt.

Das war und das ist meine Überzeugung und, wie ich annehme, auch die Überzeugung meiner Genossen. Wegen dieser politischen Überzeugung stehen wir hier vor Ihnen. Und wegen Ihrer andersartigen politischen Überzeugung werden Sie uns verurteilen.

Wie und warum es zum Bau der Mauer gekommen ist, interessiert die Staatsanwaltschaft nicht. Kein Wort steht darüber in der Anklage. Die Ursachen und Bedingungen werden unterschlagen, die Kette der historischen Ereignisse wird willkürlich zerrissen. Erich Honecker hat die Mauer gebaut und aufrechterhalten. Basta. So einfach vermag der bundesdeutsche Jurist die Geschichte zu sehen und darzustellen. Hauptsache, der Kommunist wird zum Kriminellen gestempelt und als solcher verurteilt. Dabei kann doch jeder Deutsche wissen, wie es zur Mauer kam und warum dort geschossen wurde.

Da die Anklage so tut, als sei es dem Sozialismus eigen, Mauern zu bauen und daran Menschen erschießen zu lassen, und als trügen solche »verbrecherischen« Einzelpersonen wie ich und meine Genossen dafür die Verantwortung, muss ich, ohne Historiker zu sein, die Geschichte, die zur Mauer führte, rekapitulieren.

Der Ursprung liegt weit zurück. Er beginnt mit der Entstehung des Kapitalismus und des Proletariats. Der unmittelbare Beginn des Elends der deutschen Geschichte der Neuzeit ist das Jahr 1933. 1933 haben bekanntlich sehr viele Deutsche in freien Wahlen die NSDAP gewählt, und der Reichspräsident Hindenburg, der schon 1932 ebenfalls frei gewählt worden war, hat Adolf Hitler dann ganz demokratisch zum Reichskanzler berufen. Anschließend haben die politischen Vorläufer unserer etablierten Parteien mit Ausnahme der SPD dem Ermächtigungsgesetz zugestimmt, das Hitler diktatorische Vollmachten verlieh. Nur die Kommunisten hatten vor den Wahlen gesagt: »Wer Hindenburg wählt, wählt Hitler, wer Hitler wählt, wählt den Krieg.« Bei der Abstimmung zum Ermächtigungsgesetz waren die kommunistischen Abgeordneten bereits aus dem Reichstag entfernt. Viele Kommunisten waren inhaftiert oder lebten illegal. Schon damals begann mit dem Verbot der Kommunisten der Untergang der Demokratie in Deutschland.

Kaum war Hitler Reichskanzler, erlebte Deutschland sein erstes Wirtschaftswunder. Die Arbeitslosigkeit wurde überwunden, die Anrechtsscheine auf Volkswagen wurden verkauft, die kochende Volksseele führte zur Vertreibung der Juden. Das deutsche Volk war in seiner Mehrheit glücklich und zufrieden.

Als der Zweite Weltkrieg ausgebrochen war und die Fanfaren die Siege in den Blitzkriegen gegen Polen, Norwegen, Dänemark, Belgien, Holland, Luxemburg,

Frankreich, Jugoslawien und Griechenland vermeldeten, kannte die Begeisterung keine Grenzen. Die Herzen fast aller Deutschen schlugen für ihren Kanzler, für den größten Führer aller Zeiten. Kaum einer dachte daran, dass das Tausendjährige Reich nur zwölf Jahre bestehen würde.

Nachdem 1945 alles in Scherben lag, gehörte nicht die ganze Welt Deutschland (wie es in einem bekannten Nazilied vorausgesungen wurde), sondern Deutschland gehörte den Alliierten. Deutschland war in vier Zonen geteilt. Freizügigkeit gab es nicht. Dieses Menschenrecht galt damals bei den Alliierten noch nicht. Es galt nicht einmal für die deutschen Emigranten, die wie Gerhart Eisler aus den USA nach Deutschland zurückkehren wollten.

In den USA gab es damals Pläne (z. B. den Morgenthauplan), Deutschland für dauernd in mehrere Staaten aufzuteilen. Diese Pläne gaben Stalin Veranlassung zu seinem oft zitierten Satz: »Die Hitler kommen und gehen, das deutsche Volk und der deutsche Staat bleiben.« Die damals von der UdSSR angestrebte Erhaltung der Einheit Deutschlands kam jedoch nicht zustande. Deutschland wurde im Ergebnis des 1947 von den USA ausgerufenen Kalten Krieges auf dem Wege über die Bildung der Bizone, der Trizone, die separate Währungsreform und schließlich die Bildung der Bundesrepublik im Mai 1949 für lange Zeit zweigeteilt. Diese Teilung war, wie die zeitliche Abfolge beweist, nicht das Werk der Kommunisten, sondern das Werk der westlichen Alliierten und Konrad Adenauers. Die Bildung der DDR war eine zeitliche und logische Folge der Bildung der BRD.

Nunmehr existierten zwei deutsche Staaten nebeneinander. Die BRD war jedoch nicht gewillt, die DDR anzuerkennen und mit ihr friedlich zu leben. Sie erhob vielmehr für ganz Deutschland und alle Deutschen den Alleinvertretungsanspruch. Sie verhängte mit Hilfe ihrer Verbündeten über die DDR ein Wirtschaftsembargo und versuchte so, die DDR wirtschaftlich und politisch zu isolieren. Es war eine Politik der nichtkriegerischen Aggression, die die BRD gegen die DDR führte. Es war dies die Form des Kalten Krieges auf deutschem Boden. Es war die Politik, die zur Mauer führte.

Nachdem die BRD der NATO beigetreten war, schloss sich die DDR dem Warschauer Vertrag an. Damit standen sich beide deutsche Staaten als Mitglieder feindlicher Militärbündnisse feindlich gegenüber. Die BRD war der DDR nach der Zahl ihrer Bevölkerung, nach ihrer Wirtschaftskraft und nach ihren politischen und ökonomischen Verbindungen in vielfacher Hinsicht überlegen. Die BRD hatte durch den Marshallplan und durch geringere Reparationsleistungen weniger an den Kriegsfolgen zu tragen. Sie hatte mehr Naturreichtümer und ein größeres Territorium. Sie nutzte diese vielfache Überlegenheit gegenüber der DDR in jeder Hinsicht, besonders aber dadurch aus, dass sie DDR-Bürgern materielle Vorteile versprach, wenn sie ihr Land verließen. Viele DDR-Bürger erlagen dieser Versuchung und taten das, was die Politiker der BRD von ihnen erwarteten: sie ›stimmten mit den Füßen ab‹. Der wirtschaftliche Erfolg verlockte die Deutschen nach 1945 nicht weniger, als er sie nach 1933 verlockt hatte.

Die DDR und die mit ihr verbündeten Staaten des Warschauer Vertrages gerieten in eine schwierige Situation. Die Politik des Rollback schien in Deutschland zum Erfolg zu führen. Die NATO schickte sich an, ihren Einflussbereich bis an die Oder zu erweitern.

Durch diese Politik entstand 1961 eine Spannungssituation in Deutschland, die den Weltfrieden gefährdete. Die Menschheit stand am Rande eines Atomkrieges. In dieser Situation also beschlossen die Staaten des Warschauer Vertrages den Bau der Mauer. Niemand fasste diesen Entschluss leichten Herzens. Er trennte nicht nur Familien, sondern er war auch ein Zeichen einer politischen und wirtschaftlichen Schwäche des Warschauer Vertrages gegenüber der NATO, die nur mit militärischen Mitteln ausgeglichen werden konnte.
Bedeutende Politiker außerhalb Deutschlands, aber auch in der BRD, erkannten nach 1961 an, dass der Bau der Mauer die Weltlage entspannt hatte.
Franz Josef Strauß schrieb in seinen Erinnerungen: »Mit dem Bau der Mauer war die Krise, wenn auch in einer für die Deutschen unerfreulichen Weise, nicht nur aufgehoben, sondern eigentlich auch abgeschlossen.« (S. 390) Vorher hat er über den geplanten Atombombenabwurf im Gebiet der DDR berichtet. (S. 388)
Aus meiner Sicht hätte es weder den Grundlagenvertrag, noch Helsinki noch die Einheit Deutschlands gegeben, wenn damals die Mauer nicht gebaut oder wenn sie vor der Beendigung des Kalten Krieges abgerissen worden wäre. Deswegen meine ich, dass ich genauso wie meine Genossen nicht nur keine juristische, sondern auch keine politische und keine moralische Schuld auf mich geladen habe, als ich zur Mauer ja sagte und dabei blieb.
Es ist in der Geschichte Deutschlands sicher nur am Rande zu vermerken, dass viele Deutsche sowohl aus dem Westen wie aus dem Osten sich die Mauer wiederwünschen.
Fragen muss man aber auch, was geschehen wäre, wenn wir uns so verhalten hätten, wie das die Anklage als

selbstverständlich voraussetzt. Das heißt, wenn wir die Mauer nicht gebaut, die Ausreise aus der DDR jedem zugebilligt und damit freiwillig die DDR schon 1961 aufgegeben hätten. Man muss nicht spekulieren, um sich die Ergebnisse einer solchen Politik vorzustellen. Man muss nur wissen, was 1956 in Ungarn und 1968 in der CSSR geschehen ist. Genauso wie dort hätten auch 1961 in der DDR die ohnehin anwesenden sowjetischen Truppen interveniert. Auch in Polen rief 1981 Jaruzelski das Kriegsrecht aus, um eine solche Intervention zu verhindern.
Eine derartige Zuspitzung der Ereignisse, wie sie von der Anklage als selbstverständliche politische, moralische und juristische Aktion von uns verlangt wird, hätte das Risiko eines Dritten Weltkrieges bedeutet. Dieses Risiko wollten, konnten und durften wir nicht eingehen. Wenn das in Ihren Augen ein Verbrechen ist, so werden Sie sich vor der Geschichte mit Ihrem Urteil selbst richten. Das wäre an sich nicht bedeutungsvoll. Bedeutungsvoll ist jedoch, dass Ihr Urteil ein Signal sein wird, das die alten Fronten neu aufreißt, statt sie zu schließen. Sie demonstrieren damit im Angesicht eines drohenden ökologischen Kollapses der Welt die alte Klassenkampfstrategie der dreißiger Jahre und die Machtpolitik, die Deutschland seit dem eisernen Kanzler berühmt gemacht hat.
Wenn Sie uns wegen unserer politischen Entscheidung von 1961 bis 1989 verurteilen, und ich gehe davon aus, dass Sie das tun werden, so fällen Sie Ihr Urteil nicht nur ohne rechtliche Grundlage, nicht nur als ein parteiisches Gericht, sondern auch unter völliger Außerachtlassung der politischen Gepflogenheiten und Verhaltensweisen derjenigen Länder, die als Rechtsstaaten Ihren höchsten Respekt genießen.

Ich will und kann in diesem Zusammenhang nicht alle Fälle aufzählen, in denen politische Entscheidungen Menschenleben gefordert haben, weil ich Ihre Zeit und Ihre Sensibilität nicht überstrapazieren will. Auch kann ich mich nicht mehr an alles erinnern. Nur Folgendes will ich erwähnen:

1964 entschied der damalige Präsident der USA, Kennedy, Truppen nach Vietnam zu entsenden, um anstelle der besiegten Franzosen bis 1973 Krieg gegen die um ihre Freiheit, ihre Unabhängigkeit und ihr Selbstbestimmungsrecht kämpfenden Vietnamesen zu führen. Diese Entscheidung des Präsidenten der USA, die eine eklatante Verletzung der Menschenrechte und des Völkerrechts beinhaltete, wurde von der Regierung der BRD in keiner Form kritisiert. Die Präsidenten der USA, Kennedy, Johnson und Nixon wurden vor kein Gericht gestellt, auf ihre Ehre fiel, zumindest wegen dieses Krieges, kein Schatten. Dabei hatte kein US-amerikanischer und kein vietnamesischer Soldat die Freiheit zu entscheiden, ob er sich wegen dieses ungerechten Krieges in Lebensgefahr begeben will oder nicht.

1982 setzte England Truppen gegen Argentinien ein, um die Falklandinseln als Kolonie für das Empire zu erhalten. Die »Eiserne Lady« *(Premierministerin Margaret Thatcher – d. Verl.)* sicherte sich damit einen Wahlsieg, und ihr Ansehen wurde dadurch, auch nachdem sie abgewählt worden ist, nicht beschädigt. Von Totschlag keine Rede.

1983 befahl der Präsident Reagan seinen Truppen die Besetzung von Grenada. Niemand genießt in Deutschland höheres Ansehen als dieser Präsident der USA. Keine Frage, dass die Opfer dieses Unternehmens rechtens zu Tode gekommen sind.

1986 ließ Reagan die Städte Tripolis und Bengasi in einer Strafaktion bombardieren, ohne zu fragen, ob seine Bomben Schuldige oder Unschuldige trafen.
1989 ordnete Präsident Bush an, General Noriega aus Panama mit Waffengewalt zu entführen. Tausende unschuldige Panamesen wurden dabei getötet. Wiederum fiel auf den Präsidenten der USA kein Makel, geschweige denn, dass er wegen Totschlags oder Mordes angeklagt wurde.
Die Aufzählung ließe sich beliebig erweitern. Von dem Verhalten Englands in Irland überhaupt nur zu sprechen, dürfte als unanständig gelten. Nach dem, was die Waffen der Bundesrepublik Deutschland unter türkischen Kurden oder der schwarzen Bevölkerung Südafrikas anrichten, werden zwar rhetorische Fragen gestellt, doch niemand zählt die Toten, und niemand nennt die Schuldigen.
Ich habe hier nur die als besonders rechtsstaatlich anerkannten Staaten mit nur einigen ihrer politischen Entscheidungen aufgezählt. Jeder kann vergleichen, wie sich diese Entscheidungen zu der Entscheidung verhalten, an der Grenze des Warschauer Vertrages und der NATO eine Mauer zu errichten.
Sie werden sagen, dass Sie über die Handlungen in anderen Ländern nicht entscheiden können und dürfen. Sie werden sagen, dass Sie dies alles nicht interessiert. Doch ich meine, das Urteil der Geschichte über die DDR kann nicht gefällt werden, ohne dass die Ereignisse Berücksichtigung finden, die sich in der Zeit der Existenz der DDR aufgrund der Auseinandersetzung zwischen den beiden Blöcken in anderen Ländern abspielten. Ich meine darüber hinaus auch, dass politische Handlungen nur aus dem Geist ihrer Zeit zu beurteilen sind.

Wenn Sie die Augen davor verschließen, was von 1961 bis 1989 in der Welt außerhalb Deutschlands passierte, können Sie kein gerechtes Urteil fällen.

Auch wenn Sie sich auf Deutschland beschränken und die politischen Entscheidungen in beiden deutschen Staaten einander gegenüberstellen, würde eine ehrliche und objektive Bilanz zugunsten der DDR ausfallen. Wer seinem Volk das Recht auf Arbeit und das Recht auf Wohnung verweigert, wie das in der BRD der Fall ist, nimmt in Kauf, dass zahlreichen Menschen ihre Existenz genommen wird und sie keinen anderen Ausweg sehen, als aus dem Leben zu scheiden. Arbeitslosigkeit, Obdachlosigkeit, Drogenmissbrauch, Beschaffungskriminalität, Kriminalität überhaupt sind das Ergebnis der Entscheidung für die soziale Marktwirtschaft. Selbst anscheinend so politisch neutrale Entscheidungen wie die Geschwindigkeitsbegrenzung auf Autobahnen sind Folgen einer Staatsverfassung, in der nicht die frei gewählten Politiker, sondern die nicht gewählten Wirtschaftsbosse das Sagen haben. Wenn die Abteilung Regierungskriminalität des Generalstaatsanwalts beim Kammergericht ihre Aufmerksamkeit einmal hierauf richten würde, hätte ich bald die Möglichkeit, den Repräsentanten der Bundesrepublik Deutschland wieder wie früher die Hand zu schütteln – diesmal allerdings in Moabit.

Das wird natürlich nicht geschehen, weil die Toten der Marktwirtschaft alle rechtens ihr Leben verloren. Ich bin nicht derjenige, der die Bilanz der Geschichte der DDR ziehen kann. Die Zeit dafür ist noch nicht gekommen. Die Bilanz wird später und von anderen gezogen werden. Ich habe für die DDR gelebt. Ich habe einen beträchtlichen Teil der Verantwortung für ihre Geschichte getragen. Ich bin also befangen und darüber hinaus durch Alter und Krankheit geschwächt. Dennoch habe ich am Ende meines Lebens die Gewissheit, die DDR wurde nicht umsonst gegründet. Sie hat ein Zeichen gesetzt, dass Sozialismus möglich und besser sein kann als Kapitalismus. Sie war ein Experiment, das gescheitert ist. Doch noch nie hat die Menschheit wegen eines gescheiterten Experiments die Suche nach neuen Erkenntnissen und Wegen aufgegeben. Es ist nun zu prüfen, warum das Experiment scheiterte.

Sicher scheiterte es auch, weil wir, ich meine damit die Verantwortlichen in allen sozialistischen Ländern, vermeidbare Fehler begangen haben. Sicher scheiterte es in Deutschland unter anderem auch deswegen, weil die Bürger der DDR wie andere Deutsche vor ihnen eine falsche Wahl trafen und weil unsere Gegner noch übermächtig waren. Die Erfahrungen aus der Geschichte der DDR werden mit den Erfahrungen aus der Geschichte der anderen sozialistischen Länder für die Millionen in den noch existierenden sozialistischen Ländern und für die Welt von morgen insgesamt nützlich sein. Wer seine Arbeit und sein Leben für die DDR eingesetzt hat, hat nicht umsonst gelebt.

Immer mehr »Ossis« werden erkennen, dass die Lebensbedingungen in der DDR sie weniger deformiert haben als die ›Wessis‹ durch die »soziale« Marktwirtschaft deformiert worden sind, dass die Kinder in der DDR in Krippen, in Kindergärten und Schulen sorgloser, glücklicher, gebildeter und freier aufwuchsen als die Kinder in den von Gewalt beherrschten Schulen, Straßen und Plätzen der BRD. Kranke werden erkennen, dass sie in dem Gesundheitswesen der DDR trotz technischer Rückstände Patienten und nicht kommerzielle Objekte für das Marketing von Ärzten waren. Künstler werden begreifen, dass die angebliche oder wirkliche DDR-Zensur nicht so kunstfeindlich war wie die Zensur des Marktes. Staatsbürger werden spüren, dass die DDR-Bürokratie plus der Jagd auf knappe Waren nicht soviel Freizeit erforderte wie die Bürokratie der BRD. Arbeiter und Bauern werden erkennen, dass die BRD ein Staat der Unternehmer (sprich Kapitalisten) ist und dass die DDR sich nicht ohne Grund einen Arbeiter-und-Bauern-Staat nannte. Frauen werden die Gleichberechtigung und das Recht, über ihren Körper selbst zu bestimmen, die sie in der DDR hatten, jetzt höher schätzen.

Viele werden nach der Berührung mit dem Gesetz und dem Recht der BRD mit Frau Bohley, die uns Kommunisten verdammt, sagen: »Gerechtigkeit haben wir gewollt. Den Rechtsstaat haben wir bekommen.«

Viele werden auch begreifen, dass die Freiheit, zwischen CDU/CSU, SPD und F. D. P. zu wählen, nur die Freiheit zu einer Scheinwahl bedeutet. Sie werden erkennen, dass sie im täglichen Leben, insbesondere auf ihrer Arbeitsstelle, in der DDR ein ungleich höheres Maß an Freiheit hatten, als sie es jetzt haben. Schließlich werden die Geborgenheit und Sicherheit, die die kleine und im Verhältnis zur BRD arme DDR ihren Bürgern gewährte, nicht mehr als Selbstverständlichkeit missachtet werden, weil der Alltag des Kapitalismus jetzt jedem deutlich macht, was sie in Wahrheit wert sind.

Die Bilanz der vierzigjährigen Geschichte der DDR sieht anders aus, als sie von den Politikern und Medien der BRD dargestellt wird. Der wachsende zeitliche Abstand wird das immer deutlicher machen. Der Prozess gegen uns Mitglieder des Nationalen Verteidigungsrates der DDR soll ein Nürnberger Prozess gegen Kommunisten werden. Dieses Unternehmen ist zum Scheitern verurteilt. In der DDR gab es keine Konzentrationslager, keine Gaskammern, keine politischen Todesurteile, keinen Volksgerichtshof, keine Gestapo, keine SS. Die DDR hat keinen Krieg geführt und keine Kriegs- oder Menschlichkeitsverbrechen begangen. Die DDR war ein konsequent antifaschistischer Staat, der wegen seines Eintretens für den Frieden hohes internationales Ansehen besaß.

Der Prozess gegen uns als die »Großen« der DDR soll dem Argument entgegengesetzt werden, »die Kleinen hängt man, und die Großen lässt man laufen«. Das Urteil über uns soll damit den Weg völlig frei machen, um auch die »Kleinen« zu hängen. Schon bisher hat man sich allerdings hierbei wenig Zwang auferlegt.

Der Prozess soll die Grundlage für die Brandmarkung der DDR als »Unrechtsstaat« bilden. Ein Staat, der von solchen »Verbrechern« wie uns »Totschlägern« regiert wurde, kann nur ein »Unrechtsstaat« sein. Wer ihm nahestand, wer ein pflichtbewusster Bürger der DDR war, soll mit einem Kainszeichen gebrandmarkt werden. Ein Unrechtsstaat kann natürlich nur von »verbrecherischen Organisationen« wie dem MfS, der SED usw. geführt und gestützt worden sein. Kollektivschuld, kollektive Verurteilung soll an die Stelle individueller Verantwortlichkeit treten, um das Fehlen von Beweisen für die behaupteten Verbrechen zu verschleiern. Pfarrer aus der DDR geben ihren Namen für eine neue Inquisition, für eine moderne Hexenjagd. Millionen werden so gnadenlos ausgegrenzt, aus der Gesellschaft ausgestoßen. Vielen werden die Existenzmöglichkeiten bis aufs Äußerste eingeschränkt. Es reicht, als IM registriert worden zu sein, um den bürgerlichen Tod zu erleiden. Der Journalist als Denunziant wird hoch gelobt und reich entlohnt, nach seinem Opfer fragt niemand. Die Zahl der Selbstmorde ist tabu. Das alles unter einer Regierung, die sich christlich und liberal nennt, sowie mit Duldung, ja sogar Unterstützung einer Opposition, die diesen Namen ebenso wenig verdient wie die Bezeichnung »sozial«.

Das alles geschieht mit dem selbstverliehenen Gütesiegel des Rechtsstaats.

Der Prozess offenbart seine politische Dimension auch als Prozess gegen Antifaschisten. Zu einer Zeit, in der der rechte Mob ungestraft auf den Straßen tobt, Ausländer verfolgt und wie in Mölln ermordet werden, zeigt der Rechtsstaat seine ganze Kraft bei der Verhaftung demonstrierender Juden und eben bei der Verfolgung von Kommunisten. Hier fehlt es auch nicht an Beamten und Geld.

Das alles hatten wir schon einmal.

Resümiert man den politischen Gehalt dieses Prozesses, so stellt er sich als Fortsetzung des Kalten Krieges, als Negierung des Neuen Denkens dar. Er enthüllt den wahren politischen Charakter dieser Bundesrepublik. Die Anklage, die Haftbefehle und der Beschluss des Gerichts über die Zulassung der Anklage sind geprägt vom Geist des Kalten Krieges. Die Präjudizien zu den Gerichtsentscheidungen gehen auf das Jahr 1964 zurück. Die Welt hat sich seitdem geändert, aber die deutsche Justiz führt politische Prozesse, als regiere noch Wilhelm II. Sie hat die vorübergehende politische »Schwäche«, die sie nach 1968 überfiel, wieder überwunden und ihre alte antikommunistische Hochform wieder-

gewonnen. Uns schalt man »Betonköpfe« und warf uns Reformunfähigkeit vor.
In diesem Prozess wird demonstriert, wo die Betonköpfe herrschen und wer reformunfähig ist. Nach außen ist man zwar äußerst geschmeidig, wird Gorbatschow die Ehrenbürgerwürde von Berlin verliehen, wird gnädig verziehen, dass er einst die sogenannten Mauerschützen durch einen Eintrag in ihr Ehrenbuch belobigte, aber nach innen ist man »hart wie Kruppstahl«. Den einstigen Verbündeten von Gorbatschow gewährt man demgegenüber weder Recht noch Gnade. Gorbatschow und ich gehörten beide der kommunistischen Weltbewegung an. Es ist bekannt, dass wir in einigen wesentlichen Punkten verschiedener Meinung waren. Doch unsere Differenzen waren aus meiner damaligen Sicht geringer als unsere Gemeinsamkeiten. Ich hoffe, dass das noch heute so ist. Mich hat der Bundeskanzler nicht mit Goebbels verglichen, und ich hätte ihm das auch nicht verziehen. Weder für den Bundeskanzler noch für Gorbatschow ist dieses Strafverfahren ein Hindernis für ihre Duzfreundschaft. Auch das ist kennzeichnend.
Ich bin am Ende. Tun Sie, was Sie nicht lassen können.

Zitiert in: Friedrich Wolff, Verlorene Prozesse. Meine Verteidigungen in politischen Verfahren, edition ost, Berlin 2009

Schriftliche Wortmeldung von Egon Krenz vor dem Europäischen Gerichtshof für Menschenrechte in Strasbourg, 8. November 2000. Gemeinsam mit Heinz Keßler und Fritz Streletz – die von Friedrich Wolff vertreten wurden – hatte er den EuGH angerufen, weil er aufgrund der Gerichtsverfahren gegen Funktionsträger der DDR durch die Bundesrepublik Deutschland die Menschenrechte verletzt sah

Uns ist bewusst, das es nicht die Aufgabe des Gerichtshofes sein kann, die aus dem Kalten Krieg überlieferten deutschen Querelen zu beurteilen. Als Betroffene können wir jedoch nicht an ihnen vorbeigehen. Sie sind ein wesentliches Element unserer Verurteilung und der Verletzung grundlegender Menschenrechte von DDR-Bürgern durch die Bundesrepublik Deutschland.

Lassen Sie mich dies in wenigen Punkten nachweisen.

Erstens: Nicht in Tschechien, nicht in der Slowakei oder Ungarn, nicht in Bulgarien oder Rumänien, auch nicht in Russland wurden nach dem Systemwechsel 1989/90 Gerichtsprozesse wegen der Situation an den Grenzen geführt. Dort gab es aber das gleiche Grenzregime wie zwischen der alten BRD und der DDR. Wäre ich also ein Russe oder lebte ich in einem anderen Staat des früheren Warschauer Vertrages, ich hätte wegen der Grenze nicht vor Gericht gestanden. [...]

Zweitens: In Deutschland wird so getan, als sei der Kalte Krieg nur von der DDR geführt worden. Dem entspricht juristisch die Entscheidung des Bundesverfassungsgerichts, für DDR-Bürger das Rückwirkungsverbot aufzuheben. Dies ist ein juristisch, politisch und moralisch schwerwiegender Vorgang. Denn was stellt sich bei Aufrechterhaltung der Urteile gegen DDR-Hoheitsträger heraus?

Während für die Verantwortlichen des faschistischen Terror- und Verbrecherregimes das Rückwirkungsverbot zu jedem Zeitpunkt und in jedem einzelnen Fall in der Bundesrepublik Deutschland strikt angewendet wurde, soll für DDR-Bürger bei der juristischen Beurteilung ihrer in keiner Weise mit den einzigartigen Völkervernichtungsverbrechen der Nazi-Diktatur vergleichbaren Handlungen als Hoheitsträger das Rückwirkungsverbot aufgehoben sein. Angesichts der Tatsache, dass in Deutschland wieder Synagogen brennen und sich rechte Gewalt breit macht, ist dies ein verhängnisvolles Signal.

Drittens: In Deutschland wird versucht, nachträglich aus der Welt zu schaffen, dass beide deutsche Staaten gleichberechtigte Mitglieder der UNO waren. 136 Staaten hatten die DDR völkerrechtlich anerkannt. Zu keinem Zeitpunkt hat die BRD in der internationalen Völkergemeinschaft eine Verurteilung der DDR wegen ihres Grenzregimes beantragt. Im Gegenteil: Trotz der genauen Kenntnis aller Einzelheiten des DDR-Grenzregimes schloss die Bundesrepublik Deutschland 1972 mit der DDR den Vertrag über die Grundlagen der Beziehungen zwischen beiden Staaten.

Kanzler Kohl und Staatsratsvorsitzender Honecker vereinbarten noch am 12. März 1985, dass die »Unverletzlichkeit der Grenzen und die Achtung der territorialen Integrität und der Souveränität [...] grundlegende Bedingung für den Frieden sind.«[1] Diese Formulierung wurde später als »Klassenauftrag« in Beschlüsse des SED-Politbüros übernommen.

Nachträglich wird sie nun von Berliner Landrichtern als »ideologischer Schießbefehl« abqualifiziert.
Dies ist auch deshalb unverständlich, weil in keiner Gerichtsverhandlung seit dem Systemwechsel – trotz Vorhandenseins aller DDR-Akten – ein gesetzwidriger »Schießbefehl« nachgewiesen wurde.
Viertens: Die Grenze zwischen der DDR und der BRD war nicht – wie der Prozessbeauftragte der Bundesrepublik behauptet – eine »innerdeutsche«. Sie war die Grenze zwischen zwei Staaten. Als solche war sie Teil jener Trennlinie, die Churchill schon im März 1946 den »Eisernen Vorhang quer durch den Kontinent«[2] nannte. Deutschland wurde nicht auf Beschluss des SED-Politbüros geteilt, sondern weil es den Zweiten Weltkrieg angezettelt hatte. Die Grenze war Symbol der Teilung Europas. Nirgendwo auf der Welt herrschte eine solche Konzentration von militärischen Kräften und Mitteln wie auf den Territorien der DDR und der BRD. Seit 1952 war die Grenze der DDR zugleich die westliche strategische Verteidigungslinie der UdSSR und seit 1955 die Außengrenze der Staaten des Warschauer Vertrages. Das Grenzgebiet war »Militärisches Sperrgebiet«.
US-Präsident Reagan sah selbst die Berliner Mauer nicht als nur deutsche Angelegenheit. 1987 rief er vor dem Brandenburger Tor in Berlin nicht Honecker, sondern Gorbatschow auf, das Tor zu öffnen.
Kohl und Honecker haben beim Staatsbesuch 1987 zwölf Stunden miteinander konferiert. Im Gemeinsamen Abschlusskommuniqué stand nicht ein Wort zur (vermeintlichen) Rechtswidrigkeit des Grenzregimes.
Noch im Juni 1989 war ich als Mitglied des SED-Politbüros in Begleitung von Herrn Streletz offizieller Gast in der Bundesrepublik Deutschland. Niemand kam auf

die Idee, uns wegen »Totschlags« zu verhaften. Erst nach 1990 wirft das nunmehr größer gewordene Deutschland den Mitgliedern des SED-Politbüros vor, eine »(Rechts)-pflicht zur Abschaffung des Grenzregimes«[3] gehabt zu haben.

Fünftens: Politik ist bekanntlich die Kunst des Möglichen. Was die DDR-Führung am 9. November 1989 mit der Öffnung der Grenzen getan hat, war ihr vor 1989 objektiv unmöglich. Hätten wir in der Zeit der Konfrontation von NATO und Warschauer Vertrag die »Abschaffung des Grenzregimes« zwischen den deutschen Staaten sowie zwischen der DDR und Berlin (West) auf die Tagesordnung gesetzt, wäre dies dem Versuch gleichgekommen, die Ergebnisse des Zweiten Weltkrieges revidieren zu wollen. Die Sicherheit an dieser Grenze war ein wichtiges Element der Friedensordnung in Europa. Der Moskauer Vertrag zwischen der UdSSR und der BRD von 1970, ein Fundament der Entspannung auf unserem Kontinent, wäre nicht abgeschlossen worden. Gleiches trifft zu auf das Vierseitige Abkommen von 3. September 1971 über Berlin. Es hätte kein Transitabkommen zwischen der BRD und der DDR, folglich auch keinen freien Zugang von und nach Westberlin gegeben. Der Interessenausgleich zwischen der Sowjetunion und den USA, der schließlich 1975 zur Europäischen Sicherheitskonferenz von Helsinki führte, wäre gestört worden.

Über die Erhaltung des Status quo in Europa gab es in den Führungen beider deutscher Staaten einen Konsens.

Sechstens: Zu Beginn meines Prozesses vor dem Berliner Landgericht habe ich gesagt, dass es für ein faires Verfahren, für die richterliche Souveränität und die geschichtliche Gelassenheit, für die Wahrheit und Gesetzlichkeit besser gewesen wäre, wenn sich die bundesdeutsche Justiz in Bezug auf die DDR für befangen erklärt und die Angelegenheit sofort vor das Europäische Gericht gebracht hätte.[4]

Ob sich unsere Ankläger und Richter subjektiv für befangen halten oder nicht, ist unbedeutend. Objektiv standen und stehen wir durch die Zugehörigkeit zu unterschiedlichen Gesellschafts- und Rechtssystemen, zu unterschiedlichen Militärblöcken und der sich daraus ergebenen feindseligen Vergangenheit beider deutscher Staaten in einer wechselseitigen, in einer fundamentalen geschichtlichen und rechtlichen Befangenheit. [...]

Siebtens: Als 1990 der Einigungsvertrag abgeschlossen wurde, war das Grenzregime seit Jahrzehnten bekannt. Bekannt war auch, dass die Bürger der DDR der Rechts- und Gerichtshoheit der Bundesrepublik Deutschlands unterliegen werden. Trotzdem wurde aber vom bundesdeutschen Gesetzgeber darauf verzichtet, Artikel 103, Absatz 2 des Grundgesetzes einzuschränken. Damit war unmittelbar vor dem Beitritt der DDR zum Geltungsbereich des Grundgesetzes im Rahmen eines völkerrechtlichen Vertrages den Bürgern der DDR für den Fall des Beitritts zugesichert, dass sie nur für solche Taten strafrechtlich verfolgbar sind, die schon zum Zeitpunkt ihrer Begehung in der DDR unter Strafe gestellt waren.

Die Gültigkeit des Rückwirkungsverbotes im Artikel 103 des Grundgesetzes wurde den DDR-Bürgern im Einigungsvertrag uneingeschränkt und unbedingt zugesichert. Sie hätte auch aufgrund der völkerrechtlichen Verpflichtungen der BRD nicht eingeschränkt werden können. Obwohl alle Bürger der Bundesrepublik laut Grundgesetz gleich sein sollten, ist das Rückwirkungsverbot für Altbundesbürger absolut, für DDR-Bürger aufgehoben. Damit wurde Ostdeutschland zu einer Sonderzone des Rechts.

Achtens: Mehr als meine eigene Verurteilung beschäftigt mich die Tatsache, dass zuvor eine Serie von Strafprozessen gegen Grenzsoldaten stattfand, unter anderem auch gegen den heutigen Beschwerdeführer Herrn Winkler. Die Verurteilung von »Befehlsempfängern« ist für mich nicht nur aus juristischen, sondern auch aus politisch-ethischen Gründen ungerecht.

»Wir bewegen uns da immer am Rande der Rechtsbeugung«, schreibt der Professor für Zivil- und Römisches Recht an der Freien Universität Berlin, Uwe Wesel, in der überregionalen *Süddeutschen Zeitung*. Und zu meinem Urteil fügt er hinzu: »Ein Fehlurteil«. Er nennt es »juristisch falsch und skandalös«.[5]

Ich rechtfertige nicht den Tod von Menschen. An die Toten und Verletzten denke ich mit dem Gefühl eines Mannes, der weiß, dass die Macht der DDR allein nicht ausreichte, Blutvergießen an der wohl heißesten Grenze des Kalten Krieges vollständig zu verhindern. Jeder Tote hat mich immer betroffen gemacht, hat mich zum Nachdenken veranlasst, wie Zwischenfälle an der Grenze verhindert werden können. Dass dies nicht immer gelang, zähle ich zur Negativseite meiner Lebensbilanz.

Das Regime an der Grenze zwischen den Staaten des Warschauer Vertrages und denen der NATO lässt sich aber nicht auf subjektive Schuld reduzieren. Ohne Spaltung Europas keine Spaltung Deutschlands. Ohne den Beitritt der BRD zur NATO keine Mitgliedschaft der DDR im Warschauer Vertrag. Ohne Vertragszugehörigkeit keine Bündnisdisziplin.

Neuntens: Morgen jährt sich zum 11. Mal jener Tag, an dem die DDR ihre Grenzen öffnete. Die Beschwerdeführer, die in der Bundesrepublik langjährige Haftstrafen absaßen oder noch absitzen müssen, trugen an jenem 9. November 1989 die politische und militärische Verantwortung, dass Gewalt vermieden wurde.

UdSSR-Präsident Gorbatschow stellte in einem Brief an das Berliner Landgericht fest, dass dies dazu beitrug, »militärische Aktionen mit weitreichenden Folgen« zu verhindern.[6]

Und zu den Anschuldigungen der Bundesrepublik gegen mich fügte er hinzu: »Was den Versuch anbelangt, [...] Egon Krenz für die Lage an der Grenze verantwortlich zu machen, so entsteht der Eindruck, dass dieser Versuch eine politische Abrechnung und in jedem Fall ein Rückfall in die Praktiken des Kalten Krieges ist.«[7]

Gorbatschow war bis 1990 Oberster Kommandierender der Truppen der Staaten des Warschauer Vertrages. Seinen Worten kann ich nur hinzufügen:

Wir haben gegen DDR-Recht nicht verstoßen, auch nicht gegen die Europäische Konvention zum Schutze der Menschenrechte.

1 Gemeinsame Erklärung vom 12. März 1985
2 Churchill am 5. März 1946 in Fulton, USA
3 Landgericht Berlin (527) 25/2 Js 20/92, S. 3
4 Persönliche Erklärung vor dem Landgericht, 22. Februar 1996
5 *Süddeutsche Zeitung*, 21. September 2000, S. 10
6 Schreiben Gorbatschows vom 22. September 1995, seine Erklärung vom 28. November 1996 und Brief vom 2. Juni 1997 in den Gerichtsakten. Diese drei Dokumente wurden vom Landgericht nicht einmal der Übersetzung für wert befunden.
7 ebenda

Zitiert in: Egon Krenz, Widerworte. Aus Briefen und Zeugnissen 1990 bis 2005, edition ost, Berlin 2006

Am 8. Juni 2001, nach der Niederlage vor dem Europäischen Gerichtshof für Menschenrechte in Strasbourg, schreibt Krenz an die Gesellschaft für rechtliche und humanitäre Hilfe e.V. (GRH)

Liebe Mitglieder und Sympathisanten der GRH und des Solidaritätskomitees,
für die mir erwiesene Solidarität danke ich Euch herzlich. Seit ich in Plötzensee sitze, haben mir fast 15 000 Bürger aus Ost und West geschrieben. Diese Verbundenheit gibt mir Kraft, auch künftig der politischen Strafverfolgung zu widerstehen.
Nach der Strasbourger Entscheidung meinen manche, mit dem Gang zu diesem Gericht hätten wir der DDR nachträglich einen Bärendienst erwiesen. Ich bin anderer Meinung.
Würde man sich in seinen Entscheidungen nach jenen richten, die von höherer Warte immer alles im voraus besser wissen, dann wären wir zu ständiger Passivität verurteilt. Nach dieser Logik wäre es auch falsch gewesen, den Bundesgerichtshof oder das Verfassungsgericht anzurufen. Schließlich ist ja durch die Praxis bewiesen: Nachdem die Bundesregierung 1991 die Justiz beauftragt hatte, die DDR zu delegitimieren, gab es für uns in keiner Instanz die reale Chance, Recht zu bekommen.
Daran ändert auch nichts, dass einzelne Gerichte freigesprochen haben.
Wie die jüngste Entscheidung des BGH gegen Grenzoffiziere beweist, funktioniert das System der Verurteilung trotz des Ausscherens einiger Strafkammern. Es geht

ja schließlich nicht um die Feststellung einer tatsächlichen Schuld, sondern um die Abrechnung mit der DDR. Und dafür gelten nicht das Gesetzbuch, sondern die Regeln des Antikommunismus.

Bleibt die Frage, ob man das schicksalhaft hinnimmt oder sich dagegen wehrt?

Ich habe mich für Letzteres entschieden. Deshalb bin ich gemeinsam mit Weggefährten bis Europa gegangen. Wir haben verloren, das ist wahr. Vor der Geschichte aber wird das Urteil keinen Bestand haben. Die Geschichte – davon bin ich überzeugt – wird uns freisprechen.

Und noch eins: Auf dem Wege nach Strasbourg haben viele Menschen in anderen Ländern zur Kenntnis genommen, dass in Deutschland mit zweierlei Maß gemessen wird: Bestrafung für Sozialisten aus der DDR, die dazu beigetragen haben, dass über vierzig Jahre kein Krieg von deutschem Boden ausging. Straffreiheit für die heute Regierenden, die das Leben junger Deutscher durch ihren Krieg gegen Jugoslawien in Gefahr brachten und den Menschen des Balkanlandes Tod, Zerstörung und Elend bescherten.

In Vorbereitung auf Strasbourg erhielt ich Besuch vom Solidaritätskomitee aus Frankreich, haben mir französische Parlamentsabgeordnete geschrieben, bekam ich Solidaritätsadressen aus Italien und Griechenland, haben niederländische und spanische Antifaschisten gegen meine Haft protestiert, nahm die russische Duma eine Erklärung gegen die Bundesrepublik an, übermittelte der Parteitag der russischen Kommunisten eine Solidaritätsadresse, wandten sich der russische Ex-Premier Primakow, russische Persönlichkeiten aus Politik, Militär und Justiz und selbst der Sozialdemokrat Gorbatschow in Briefen an den Präsidenten des Europäischen

Gerichtshofes für Menschenrechte gegen die politische Verurteilung von DDR-Bürgern.

In bundesrepublikanischen Medien sorgte unser Gang nach Strasbourg für kurze Zeit für Verwirrung. Blätter wie die *Süddeutsche Zeitung* und *Der Spiegel* haben darüber offen geschrieben. So hieß es, der Vorsitzende des Gerichts, der Schweizer Luzius Wildhaber, habe »enge Beziehungen zur deutschen Rechtslehre« und wisse, »wie problematisch es wäre, würde sein Gerichtshof den deutschen Gerichten den Stempel ›menschenrechtswidrig‹ aufdrücken«.

Und weiter: Würde der Gerichtshof auf Verletzung des Rückwirkungsverbots durch die bundesdeutsche Justiz erkennen, geriete »die gesamte, mit der Vereinigung des Landes einhergehende juristische Vergangenheitsbewältigung [...] aus den Fugen«.

Mich hat dieser Druck auf das Gericht nicht überrascht. Ich hatte auch keine Illusionen über den Ausgang der Entscheidung, zumindest was Heinz Keßler, Fritz Streletz und mich betraf.

In einem Punkt jedoch, der meine Entscheidung für Strasbourg wesentlich motivierte, habe ich mich grundsätzlich geirrt. Ich hoffte, der Gerichtshof hätte – um seine notwendige Souveränität gegenüber der Bundesrepublik zu beweisen – auch zu Gunsten des Grenzsoldaten urteilen können. Etwa so: Die Grenzsoldaten konnten wegen ihrer Jugend und ihres Fahneneides auf die Gesetze der DDR vertrauen, während die politische und militärische Führung der DDR kein Recht dazu habe. Das wäre die Umkehrung des Grundsatzes gewesen, mit dem einst die politische Strafverfolgung der DDR-Führung begonnen hatte: Die Kleinen hängt man, und die Großen lässt man laufen. Dieses Herangehen wäre als Konstruktion zwar auch Unrecht gewesen. Es hätte aber von den Grenzsoldaten die absurde Beschuldigung genommen, der Dienst dieser jungen Menschen für die DDR sei ein Verbrechen gewesen. Allein für dieses Teilziel wäre aus meiner Sicht die Klage vor dem Europäischen Menschenrechtsgerichtshof gerechtfertigt gewesen.

Doch selbst eine solche Differenzierung wurde nicht gewollt. Das ökonomische und politische Gewicht der Bundesrepublik zählt eben mehr als das hohe Gut des Rückwirkungsverbots.

Juristisch haben wir verloren. Politisch gebe ich mich nicht geschlagen. Es bleibt wichtig, auch künftig die historische Wahrheit über die DDR zu verbreiten. Sie darf nicht dem Antikommunismus zum Opfer fallen. Das historische Bild über die DDR können nicht die Eppelmanns, Gaucks und Schaefgens malen. Es kann auch nicht jenen überlassen bleiben, die ihre einstige Verbundenheit zur DDR auf dem Altar des Zeitgeistes opfern und dementsprechend ihre Biografie umgeschrieben haben.

Ich zähle mich zu jenen, denen die DDR aus sozialistischer, antifaschistischer und humanistischer Gesinnung am Herzen lag. Gerade deshalb blicke auch ich mit Zorn auf unsere eigenen Fehler zurück. Doch wichtiger bleibt für mich: Es war nicht umsonst. Es hat ein befreites und aufrechtes Leben in Arbeit und Würde, eine tiefempfundene Menschlichkeit und Wärme gegeben, die unsere Zeit lebenswert und schön gemacht haben. Ich würde mir wünschen, den Leuten wäre nach 1990 nicht pausenlos suggeriert worden, an der DDR seien nur die Ländereien und der grüne Pfeil wertvoll gewesen. Mich widert die Verlogenheit an, mit der aus

politischem Kalkül Vietnamkrieg und Bombardierung Belgrads als Fakten der Weltgeschichte ohne Reue und Sühne der Schuldigen hingenommen werden, während die DDR als Hort des Bösen gebrandmarkt wird.
Ich werde auch weiterhin meinen Beitrag leisten, die Wahrheit über die DDR zu verbreiten. […]

Zitiert in: Egon Krenz, Widerworte. Aus Briefen und Zeugnissen 1990 bis 2005, edition ost, Berlin 2006

Personenregister

Abrassimow, Pjotr 142
Adenauer, Konrad 37, 41, 48, 53, 56, 116
Aly, Götz 48
Augstein, Rudolf 149
Bahr, Egon 32, 144, 145
Bauer, Fritz 55
Bebel, August 134, 168
Becker, Nicolas 132
Bertram, Heinz 122
Bismarck, Otto von 99
Böckenförde, Ernst-Wolfgang 153, 154
Böhme, Erich 132
Bohley, Bärbel 86, 88, 187
Bräutigam, Hansgeorg 132
Bräutigam, Hans-Otto 143
Brandt, Willy 24, 33, 118, 129
Brünneck, Alexander von 113, 114
Burmester, Greta 36
Burmester, Carl 36
Bush, George 184
Churchill, Winston 193, 197
Dickel, Friedrich 69, 70
Diestel, Peter-Michael 98
Eichler, Klaus 47
Eichmann, Adolf 53, 55, 56
Eisler, Gerhart 179
Engels, Friedrich 11, 104
Eppelmann, Rainer 201
Freiligrath, Ferdinand 104
Frey, Gerhard 24
Friedrich Wilhelm IV. 104
Frohwein, Jochen 141
Gauck, Joachim 201
Gaus, Günter 143
Globke, Hans 40, 49, 50, 51, 52, 53, 54, 55, 161
Gorbatschow, Michail S. 68, 88, 132, 137, 142, 190, 193, 197, 199
Gorski, Horst 71
Grabert, Horst 144
Gysi, Gregor 82, 83, 98, 161
Hagedorn, Erwin 66
Hallstein, Walter 23, 37
Hannover, Heinrich 116
Harland, Harri 128
Hartung, Rudolf 86, 87
Heinemann, Gustav 15
Herger, Wolfgang 70
Herzog, Roman 23
Hindenburg, Paul von 178
Hitler, Adolf 26, 48, 171, 178, 179
Hoch, Josef 141
Honecker, Erich 2, 5, 30, 31, 32, 33, 34, 43, 59, 66, 67, 68, 71, 73, 74, 81, 83, 86, 87, 88, 109, 124, 125, 126, 128, 129, 130, 131, 132, 133, 135, 136, 141, 159, 160, 167, 175, 177, 192, 193
Jahntz, Bernhard 145
Jakobs, Günther 160
Jaruzelski, Wojciech 182
Jendretzki, Irmgard 63
Jelzin, Boris 143, 144
Johnson, Lyndon B. 183
Joseph, Hans-Jürgen 128
Kaul, Friedrich Karl 53, 55, 56, 57, 125
Kinkel, Klaus 123, 147, 170, 171
Kennedy John F. 183
Keßler, Heinz 191, 200
Köhler, Otto 48
Kohl, Helmut 68, 142, 144, 171, 192, 193
Kulikow, Wiktor G. 142
Liebknecht, Karl 134, 168

Limbach, Jutta 114, 115
Loewe, Lothar 121
Löwenstein, Enno von 176
Lorenz, Siegfried 11, 164
Luschew, Pjotr G. 142
Lynder, Frank 57
Maihofer, Werner 115
Maizière, Lothar de 98
Mann, Thomas 115
Marx, Karl 100, 104, 109, 134, 151
Maunz, Theodor 23, 24, 111
Merkel, Angela 112
Mielke, Erich 133
Mischnick, Wolfgang 31
Modrow, Hans 110
Nixon, Richard 183
Noriega, Manuel 184
Obama, Barack 30, 156
Oberländer, Theodor 49, 41, 43, 44, 45, 46, 47, 48, 49, 51, 53, 161
Perrault, Gilles 67
Pferdmenges, Robert 44
Pieck, Wilhelm 11, 35
Pinochet, Augusto 113
Poppe, Ulrike 86
Pragal, Peter 71
Putin, Wladimir W. 27
Radbruch, Gustav 160
Reagan, Ronald 183, 184
Rinck, Gerhard 42, 44, 45
Roosevelt, Franklin D. 61
Rudorf, Reginald 46, 109, 110
Schaefgen, Christoph 131, 201
Scheicher, Hans 157
Schewardnadse, Eduard 98
Schmidt, Helmut 73, 74, 90, 115
Schmidt, Lutz 121
Schöneburg, Karl-Heinz 80
Schöneburg, Volkmar 80
Scholz, Rupert 129, 131
Schröder, Gerhard 116
Schütz, Klaus 143
Schumann, Frank 11
Sendler, Horst 59, 60
Stalin, Josef 30, 61, 179
Stiglitz, Joseph E. 10
Stolpe, Manfred 81, 84, 85, 86, 87
Strauß, Franz Josef 66, 181
Streletz, Fritz 191, 193
Springer, Axel 57, 109
Taylor, Telford 65
Thatcher, Margaret 183
Thälmann, Ernst 35, 143
Trump, Donald 20, 162
Truckenbrodt, Walter 47
Ulbricht, Walter 77, 102
Vogel, Rolf 56, 57
Vogel, Wolfgang 47
Wachs, Christian 48
Weerth, Georg 104
Wehner, Herbert 30, 31, 32, 33, 34, 35, 36, 135
Weitzberg, Uwe 129
Weizsäcker, Richard von 15
Wesel, Uwe 196
Ziegler, Wolfgang 132

Als Russland noch Sowjetunion hieß: Egon Krenz über das schwierige Verhältnis zweier Staaten

Egon Krenz
Wir und die Russen
Die Beziehungen zwischen
Berlin und Moskau
im Herbst '89

304 Seiten, brosch.
mit Abb.
16,99 €
ISBN 978-3-360-01888-5

E-Book 12,99 €
ISBN 978-3-360-51045-7

Lange bevor Gorbatschow von den Zuspätkommenden sprach, die das Leben strafen würde, zeigten sich Risse zwischen sowjetischer und DDR-Führung. Was lief angesichts der 89er Ereignisse hinter den Kulissen zwischen Berlin, Bonn und Moskau? Die DDR war zwar ein souveräner Staat, hier standen aber eine halbe Million Sowjetsoldaten. Sie griffen nicht ein. Warum? Die DDR-Führung hatte sie gebeten: Bleibt in den Kasernen! Erstmals berichtet das damalige DDR-Staatsoberhaupt, Egon Krenz, über die Absprachen mit Moskau. Zum 30. Jahrestag des Ereignisses rekonstruiert Krenz die vielfältigen Vorgänge, die damals zwischen den politischen Akteuren abliefen, korrigiert Legenden und belegt mit Fakten, wie es dazu kam, dass aus dem Kalten Krieg am Ende nicht noch ein heißer Krieg wurde.

Muss man sich vor China schützen?

Uwe Behrens
Feindbild China
Was wir alles nicht über
die Volksrepublik wissen

224 Seiten, brosch.
15,00 €
ISBN 978-3-360-01896-0

E-Book 9,99 €
ISBN 978-3-360-51050-1

China ist heute die zweitstärkste Volkswirtschaft der Welt, nach den USA. In Ökonomie und Ökologie marschiert das Land voran, und auch im Kampf gegen Corona zeigt es sich erfolgreicher als die westlichen Staaten. Der offensichtliche Fortschritt beunruhigt die Konkurrenz, daher ignoriert oder denunziert man ihn lieber. Objektive Berichte und Urteile hierzulande sind rar. Uwe Behrens redet nicht als Europäer über das wachsende Land im Osten, sondern als ein Beobachter, der es von innen kennt. Ist er, wie Helmut Schmidt, der die westliche Überheblichkeit kritisiert hat, ein »China-Versteher«? Bücher, die China erklären, gibt es genug. Mit genauer Kenntnis und Urteilen, die man nicht schon unzählige Male gehört hat, erklärt der Autor das Land nicht bloß, er hilft, es zu verstehen.

Illustrationen: Robert Allertz (S. 9, 17, 22, 29, 58, 61, 72 (2), 77, 91, 102, 105, 106, 107, 114, 117, 143, 154, 164; Archiv edition ost (S. 31, 43, 54, 85, 120, 127, 130, 133, 137, 139, 144, 150, 157)

edition ost im Verlag Das Neue Berlin –
eine Marke der Eulenspiegel Verlagsgruppe Buchverlage

ISBN 978-3-360-01895-3

2. Auflage 2021

Umschlaggestaltung: Buchgut, Berlin, unter Verwendung von Fotos von picture-alliance/ dpa | Arno Burgi (Porträt Krenz) und Ronny Marzok (Porträt Wolff)
Druck und Bindung: buchdruckerei.de, Berlin

www.eulenspiegel.com